Rainer Moritz

Ein Lied kann eine Brücke sein

8 grad

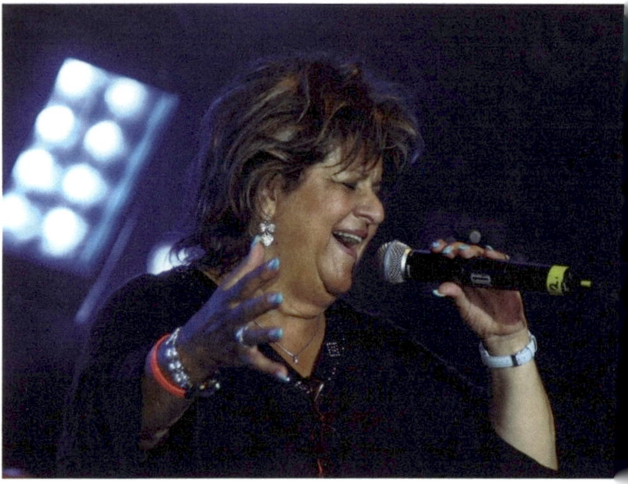

Joy Fleming – die Mannheimer Brückenbauerin

Rainer Moritz

EIN LIED KANN EINE BRÜCKE SEIN

Die größten Hits aus dem Südwesten

8 grad verlag Freiburg

Inhalt

Intro

»Ein Lied kann eine Brücke sein, / und jeder Ton ist wie ein Stein« – das sang Joy Fleming, als sie 1975 beim Eurovision Song Contest Deutschland vertrat. Zu mehr als Platz 17 reichte es nicht, dennoch wurde ihre Hymne an die Menschen verbindende Musik zu einem Evergreen der ESC-Geschichte. Obwohl im pfälzischen Rockenhausen geboren, ist Joy Fleming mit Baden unzertrennlich verbunden, vor allem mit Mannheim und dem Sinsheimer Stadtteil Hilsbach, wo sie lange lebte und 2017 starb.

Joy Fleming ist eine Schlagerikone des Südwestens, und an sie und neununddreißig ihrer Kolleginnen und Kollegen will dieses Buch als eine Art regionale Schlagergeschichte erinnern. Es befasst sich, in einer unverblümt subjektiven Auswahl, mit Interpreten, die in Baden-Württemberg geboren wurden oder in »The Länd« lange lebten. Manche von ihnen sind inzwischen im Orkus der Musikgeschichte verschwunden und nur noch Hardcorefans in Erinnerung. Manche gelangten nie auf die obersten Chartsplätze, gingen im oft rauen Schlagerbusiness unter oder verabschiedeten sich freiwillig, um in ihrem Leben neue Wege zu gehen.

Andere wiederum blieben – wie Joy Fleming – über Jahrzehnte im Geschäft und trugen Lieder vor, die im kollektiven Hörgedächtnis nicht nur im Südwesten fest verankert sind. Tony Marshall, Die Flippers, Adam & Eve, Michelle oder Matthias Reim sind aus der Schlagerschatztruhe nicht wegzudenken.

So schreibt dieses Buch eine Schlagergeschichte aus persönlicher Sicht, beleuchtet Hintergründe, schweift ab und scheut sich nicht, darauf hinzuweisen, dass diese Gattung viele Kuriositäten hervorgebracht hat und manche Songs nur mit zwei Viertele Riesling oder Trollinger auszuhalten sind.

Es ist wie gesagt eine sehr persönliche Auswahl, die zudem in ein spannungssteigerndes Hitparadenranking gepackt wurde und von Platz 40 bis zu Platz 1 ganz am Ende des Buches reicht. Der eine oder die andere wird den einen oder die andere schmerzlich vermissen, das lässt sich schwerlich vermeiden; bisweilen mussten Grundsatzentscheidungen getroffen werden. Gerne zum Beispiel hätte ich über Hildegard Knefs *Für dich soll's rote Rosen regnen* geschrieben, doch für die Aufnahme in mein Buch reichte es nicht, dass die Knef in Ulm geboren wurde.

So wünsche ich viel Spaß bei der Lektüre, und wenn diese dazu führt, dass Sie hinterher zu Ihrem Plattenschrank (ein inzwischen wohl vollständig ausgestorbenes Möbelstück!), Ihrem CD-Regal oder zu Spotify und YouTube eilen, um das Gelesene nachzuhören, dann würde mich das freuen. Einige der hier versammelten Lieder werden Ihnen, versprochen, noch tagelang durch den Kopf geistern.

Rainer Moritz, im Juli 2024

Platz 40

Arnim Töpel

KLEINE ÄRSCHE

(Musik und Text: Arnim Töpel)

1969 war einiges los. Neil Armstrong betrat als erster Mensch den Mond, und die Sozialdemokraten stellten mit Willy Brandt erstmals den Kanzler der Bundesrepublik Deutschland. Für diejenigen, die in kleineren historischen Dimensionen denken, lieferte dieses Jahr zudem einen Meilenstein der TV-Unterhaltung. Am 18. Januar strahlte das ZDF aus Berlin die erste Folge seiner Fernsehhitparade aus, die sich einunddreißig Jahre lang hielt, ehe sie Ende 2000 wegen mangelnder Zuschauerresonanz eingestellt wurde. Das sonnabendliche Schlagervergnügen gehört fraglos zu den Monumenten der Unterhaltungsannalen.

Ihre Anfänge fielen in die Phase, als das Schlagergenre eine letzte, ein gutes Jahrzehnt währende Hochphase durchlebte. Und gleichzeitig spiegelte die Sendung ein Aufbegehren wider, eine Trotzhaltung, die den Niedergang des Schlagers nicht aufhalten konnte. War es in den Fünfziger- und Sechzigerjahren noch selbstverständlich gewesen, dass die gängigen Schlager bei älteren und jugendlichen Hörerinnen und Hörern gleichermaßen beliebt waren, so änderte sich dies, als sich die Musikszene öffnete und ausländische Interpreten zu regelmäßiger Präsenz in den Radio- und Fernsehanstalten kamen.

Der Schlager reagierte darauf mit leicht beleidigter Protesthaltung, symptomatisch verkörpert durch Tina Yorks *Wir lassen uns das Singen nicht verbieten* (1974), das als Fanfare einer Wir-singen-deutsch-und-sind-sehr-fröhlich-Haltung auftrat und sich gegen die Amerikanisierung der Unterhaltungsmusik und gegen die intellektuelle Verdammung des deutschen Schlagers durch Dichter wie Peter Rühmkorf wandte. Als Reservat seiner Verfechter diente die ZDF-Hitparade, in der nur deutsch singende Sänger auftreten durften. Dass sie sich als Bollwerk gegen »Überfremdung« verstand und an Rückhalt verlor, als der Siegeszug des angloamerikanischen Pops nicht mehr aufzuhalten war, lag an ihrem ersten Moderator Dieter Thomas Heck. Dieser hatte zuvor seine Brötchen als Autoverkäufer, Radiomoderator und (mäßig erfolgreicher) Sänger verdient, ehe das ZDF und Regisseur Truck Branss ihn als Promoter und Retter deutschsprachigen Liedguts einsetzten. Interpreten wie Chris Roberts, Lena Valaitis, Jürgen Marcus, Mary Roos, Roland Kaiser, Paola, Heino, Tony Marshall oder Howard Carpendale bevölkerten fortan das Berliner Studio, brauchten es, um ihre Karrieren voranzubringen.

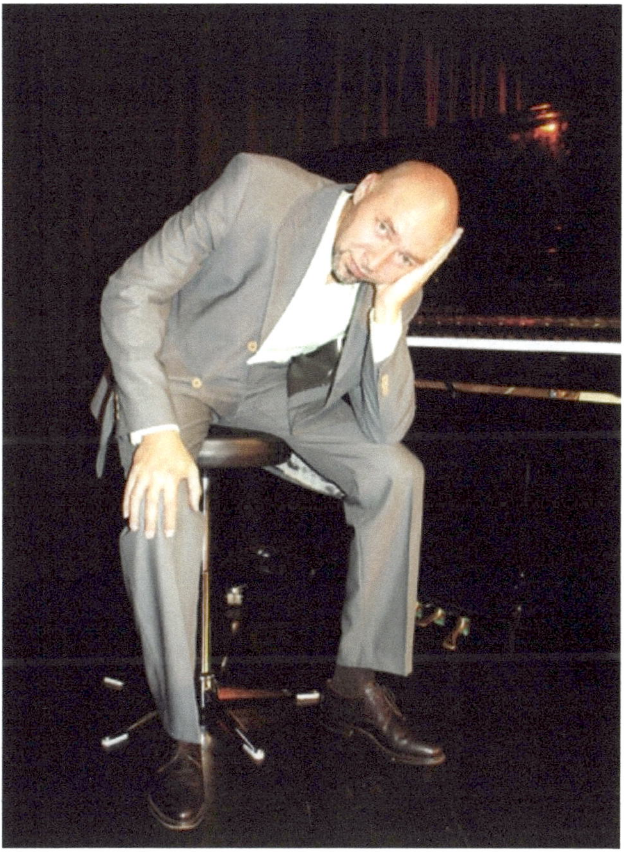

Heck war klug genug, den Zeitpunkt zu erfassen, als der deutsche Schlager zunehmend zu einem Nischenprodukt wurde – und es bis zu seiner fulminanten Renaissance durch Andrea Berg und Helene Fischer blieb. Wer sich heute Ausschnitte aus den frühen 1980er-Jahren ansieht, als Heck gezwungen war, die Schlagerironisierungen und -verballhornungen der Neuen Deutschen Welle anzusagen, spürt sein körperliches und seelisches Unbehagen. Dem bereitete er selbst ein Ende und gab – nach 183 Ausgaben – 1984 die Moderation der Sendung klugerweise ab.

Zum Resteverwalter der ZDF-Hitparade wurde der aus Pforzheim stammende, stets blond-fröhliche Uwe Hübner, der nach Victor Worms 1990 die Moderation übernommen hatte und nicht verhindern konnte, dass die Sendung mehr und mehr vor sich hindümpelte. Wer mit was dort auftrat, bewegte die Menschen selten, und so kam es immer wieder zu Darbietungen, die es zu Dieter Thomas Hecks Zeiten nie und nimmer gegeben hätte.

In der 294. Folge vom 12. Mai 1994, die immerhin alte Fahrensleute des Schlagers wie Ireen Sheer, Claudia Jung und Kristina Bach als Gäste hatte, trat – zum ersten und einzigen Mal – der 1959 in Heidelberg geborene und in Walldorf aufgewachsene Arnim Töpel auf. Wie er es dorthin geschafft hatte, wissen wir nicht. Jedenfalls machte er einen guten Eindruck, im gepflegten Anzug mit rot-grünen Karos auf der Krawatte und vor sich wie Udo Jürgens einen Flügel, auf dem er sich selbst begleitete. Töpels

Auftritt fiel schon allein deshalb aus dem Hitparadenrahmen, vor allem jedoch tat er das, weil sein Song so hieß, wie Schlager selten heißen: *Kleine Ärsche.*

Körperteile spielen im populären Liedgut keine herausragende Rolle. Von einer guten Figur, schönen blauen Augen, langen Beinen, blonden Haaren ist gern mal die Rede; all zu konkret freilich wird es selten. Allenfalls das Knie – in Wencke Myhres *Lass mein Knie, Joe* oder Henry Valentinos *Ich hab' dein Knie geseh'n* – erfreut sich einer gewissen Beliebtheit. Arnim Töpel geht hingegen, so scheint es, aufs Ganze, doch das von ihm selbst getextete Lied verzichtet, wie sich schnell abzeichnet, auf detaillierte Beschreibungen des menschlichen Gesäßes. Es geht nicht um den Arsch, Hintern, Po oder Allerwertesten im Eigentlichen. Nein, es geht um das Schimpfwort »Arsch«, das der *Duden* als »Trottel, Dummkopf« definiert.

Doch auch das trifft es nicht. Denn mit den »kleinen Ärschen« erinnert Töpel an die Nichtigkeit unserer Existenz, an den Umstand, dass wir angesichts des Todes alle zusammengehören. Und so setzt das Lied mit einer Menschen verbindenden Betrachtung ein: »Ob du blond bist oder braun, / Ob du Männer küsst statt Frau'n, / Kommt es wirklich darauf an? / Ob du Fisch isst oder Fleisch / Oder gerne ins Gras beißt, / Ist das wichtig irgendwann?«

Ein starker Auftakt, keine Frage – auch wenn heutige woke Sprachbetrachter sich an der Wendung »statt Frau'n« stören würden und die Alternative »oder gerne ins Gras beißt« etwas abrupt kommt und nicht sofort verständlich ist. Ein Trostlied will der gelernte Jurist Töpel zu Gehör bringen, das in diesen Refrain mündet: »Irgendwie sind wir alle kleine Ärsche, / Irgendwie sind wir hässlich und gemein. / Irgendwie sind wir alle kleine Ärsche, / Irgendwie sind wir fröhlich, wenn gemein.«

Auch hier stoßen wir – bei »sind wir fröhlich, *wenn* gemein« – auf Verständnisprobleme, aber an rätselhafte Zeilen waren Hitparadenzuschauer seit jeher gewöhnt. Immerhin ist Töpel mit *Kleine Ärsche* ein freundliches, gut gemeintes Lied gelungen, das hier und da ein wenig holpert. Seine Grundaussage (»Sind wir auch verschieden / Wir müssen uns lieben«) kommt unverhofft, doch es bleibt zu berücksichtigen, dass der Schlager in der Regel nicht mehr als drei Minuten zur Verfügung hat und deshalb schnell zu Potte kommen muss. Die »Kleinen«, so Töpel, sind die Adressaten seines Liedes, nicht die Großkopfeten, die sich selbst ungern als »kleine Ärsche« bezeichnen würden.

Wiedergewählt wurde Arnim Töpel in der ZDF-Hitparade nicht, wie überhaupt seine Karriere als Schlagersänger danach keine weiteren Höhepunkte aufweist. Töpel dürfte das nicht bedauern, denn er hat später ganz andere, erfolgreiche Wege eingeschlagen. Bis heute ist er als Kabarettist nicht nur in seiner kurpfälzischen Heimat auf Tournee, moderiert Veranstaltungen, organisiert literarische Gottesdienste, erhielt unter anderem den Medienpreis der Evangelische Kirche in Deutschland und veröffentlicht seit 2013 Mundartkrimis. Anfang 2024 legte er sein erstes nicht im Dialekt geschriebenes Buch vor: *rechtzeitig gehen*. Auch sein Regionalhit *Hallole, isch bins, de Günda* von 1990 ist nicht in Vergessenheit geraten. Der freilich wäre für die ZDF-Hitparade und Uwe Hübner eine Überforderung gewesen.

Platz 39

Albin Berger

GLÜCK UND TRÄNEN AM WÖRTHERSEE

(Musik: Jean Frankfurter; Text: Irma Holder)

Ja, der Wörthersee! Welch herrliches, wenngleich oft von Touristen übervölkertes Idyll in Kärnten. Lange Zeit habe ich dieses einmal im Jahr besucht, meist Ende Juni/Anfang Juli. Natürlich war mein Seeaufenthalt rein dienstlicher Natur, denn alljährlich findet in Klagenfurt der Ingeborg-Bachmann-Wettbewerb statt, bei dem sich Autorinnen und Autoren lesend einer kritischen Jury stellen und eventuell mit einem schönen Preis bedacht werden.

Wer sich als Verlags- oder journalistischer Beobachter einen ganzen Tag lang dem anstrengenden Wettlesen widmet, bedarf danach der Erholung. Dafür bot und bietet sich wunderbar der nahe gelegene Wörthersee an. Ortskundige bevorzugen dabei das alte Strandbad Loretto, das mit seinen fünf hölzernen Badestegen den Charme vergangener Tage versprüht. Hat man schwimmend den Lesungsstress überstanden, ist es üblich, sich in größerer Runde ins Restaurant »Maria Loretto« zu begeben, unter alten Bäumen mit Blick auf den See

Fischgerichte zu sich zu nehmen und spätabends aufzupassen, vom merkantil eingestellten Service nicht ein, zwei Flaschen Weißwein zu viel in Rechnung gestellt zu bekommen.

So geht es zu am Wörthersee, doch ehrlicherweise müssen wir einräumen, dass nicht alle Menschen so literaturaffin sind, um diese touristische Attraktion mit der dort geborenen Ingeborg Bachmann in Verbindung zu bringen. Nein, zur Popularität des prächtigen Sees hat vor allem eine Fernsehserie beigetragen, die zwischen 1990 und 1993 auf RTL ausgestrahlt wurde. *Ein Schloß am Wörthersee* umfasste 34 Folgen und machte sich zunutze, dass Hotels eine ideale Plattform bilden, um Intrigen, Liebesleid, Erbstreitigkeiten & Co. zu präsentieren. Ältere Semester werden sich da zum Beispiel an die Schwarzwaldserie *Forellenhof* erinnern.

Die leicht-seichten Episoden, die im Schlosshotel spielen, gaben altgedienten Schauspielern wie Hans Clarin, Eddi Arent, Barbara Valentin, Pierre Brice oder Hildegard Knef die Gelegenheit zu Gastauftritten, und dass Roy Black in den ersten beiden Staffeln als Hoteldirektor amtierte, ist natürlich unvergessen.

Da *Ein Schloß am Wörthersee* in gewisser Weise an die Tradition der Schlagerfilme aus den 1950er- und 1960er-Jahren anknüpfte, wurde die nicht überkomplexe Serienhandlung immer wieder durch Gesangseinlagen unterbrochen. Zu sehen waren so unter anderem Drafi Deutscher, Udo Jürgens, Isabell Varell und die Wildecker

Herzbuben. In Folge 19 aus dem Jahr 1991 – *Ein Glatzkopf kommt selten allein* – mischte sich dann der Schlagersänger Albin Berger unter die Hotelgäste.

Dieser – als Albin Bucher 1955 in Friedrichshafen geboren – war vier Jahre lang Leadsänger der Flippers (auf die wir an späterer Stelle in diesem Buch wieder stoßen werden) und schied 1984 ein wenig zu früh aus, um am Comeback der Flippers (mit *Die rote Sonne von Barbados* von 1986) teilhaben zu dürfen. Berger begann eine Solokarriere, deren Songs ihn nicht in Spitzenpositionen der Charts hievten. Sie hießen *Und es war Sommer in San Miguel* oder *Heiße Nächte in San Juan* und hätten gut und gerne auch ins Reisebürorepertoire der Flippers gepasst.

Äußerlich fügte sich Berger gut in das optische Gesamtbild der 1980er-Jahre ein und zeigt von heute aus betrachtet, dass nicht alles gut war in diesem Jahrzehnt. Berger trug weit geschnittene Anzüge, die auch erhebliche Gewichtszunahmen kaschiert hätten, einen dünn rasierten Bart über der Oberlippe, Bleistiftbart genannt, und eine opulent ondulierte Frisur, mit der er in der Fußballbundesliga jener Jahre nicht aufgefallen wäre.

Glück und Tränen am Wörthersee, sein Seriensong, schaffte es immerhin gelegentlich in den Abspann und untermalte den offiziellen Trailer der Kärntner Hotelsoap. Das Lied, dem der etwas eintönig-belanglose Jean-Frankfurter-Sound zugrunde liegt, hat nichts Originelles zu bieten, was die erfahrene Textdichterin Irma Holder (die übrigens bis zu ihrem Tod 2019 im schwäbischen

Gärtringen lebte) offenkundig auch nicht anstrebte. Es erzählt in leicht diffusen Worten von der Sommerliebe eines Mannes zu einer jungen Frau, die »kleine Prinzessin«, die »zum Vergessen« an den Wörthersee reist, wo sie schon einmal irgendwen geliebt hat. Genaues weiß man nicht. Dauerhaftes Glück scheint beiden nicht beschieden, und der Refrain lautet folglich so: »Glück und Tränen am Wörthersee / Hier sagt niemand so leicht Adieu / Wenn auch von den bunten Träumen / Nur die Sehnsucht bleibt.«

Eine tiefschürfende Interpretation, die wir hier aus guten Gründen übergehen, lässt sich unter dem Link nachlesen: https://musikguru.de/albin-berger/bedeutung-glueck-und-traenen-am-woerthersee-62594.html

Später – wir müssen es offen aussprechen – versandete Bergers Karriere. Was er danach in Friedrichshafen oder anderswo gemacht hat, ist selbst in den Weiten des Internets nicht aufzuspüren. 2012 und 2021 unternahm er, frisur- und barttechnisch deutlich verbessert, mit zwei Alben Comebackversuche. Eines dieser späten Berger-Lieder heißt *Du bleibst unvergessen, Lady Di*. Das hören Sie in Notfällen bitte selbst nach.

Platz 38

Tanja Jonak

LA ISLA BONITA

(Musik: Bruce Gaitsch, Patrick Leonard; Text: Irma Holder)

Madonna covern? Das ist gewiss nicht das Schlechteste, was einer Sängerin widerfahren kann. 1986 erschien die Albumversion von Madonnas *La Isla Bonita*; die ein Jahr später veröffentlichte Single brachte es nicht nur in Deutschland auf Platz 1 der Charts. Der Song von der »schönen Insel« San Pedro, eine Hommage an Lateinamerika, zählt zu Madonnas meistgespielten Liedern, und so dürfte es manche überrascht haben, dass die sehr junge Tanja Jonak, damals von Dieter Thomas Heck produziert, die deutsche Coverversion singen durfte.

Jonak, 1970 in Tettnang geboren, wurde als »Star von morgen« vom Südwestfunk entdeckt und erhielt 1985 einen Nachwuchspreis bei der Verleihung der Goldenen Stimmgabel. Ihrem von G. G. Anderson geschriebenen Debüt *Im Tal der 1000 Tränen*, eine charmant-ruhige Betrachtung über die Unausweichlichkeit des Liebeskummers, folgten zwei weitere Aufnahmen, ehe die erfahrene Irma Holder die deutsche Version des

Madonna-Hits für sie schrieb. Ohne an Madonnas Original heranreichen zu können, gelang Jonak eine solide Interpretation des Liedes, das die Sehnsucht nach einer Insel beschreibt, wo »die Menschen noch Kinder sind«. Noch heute zählt Jonak *La Isla Bonita* neben *Wenn der Mond im Schatten steht* und *Regen auf der Haut* zu den Lieblingssongs ihres Repertoires.

Einen überwältigenden Erfolg feierte Tanja Jonak damit nicht, und so wollte diese Karriere nicht recht in Gang kommen. Immer wieder hatte sie Fernsehauftritte, bei denen sie aufgeplusterte Frisuren spazieren führen musste, die zu einer so jungen Frau nicht recht passten. Einmal noch unternahm Jonak einen neuen Anlauf, die Aufmerksamkeit auf sich zu ziehen: 1991 trat sie im Berliner Friedrichstadtpalast beim – von Hape Kerkeling moderierten – deutschen Vorentscheid des Eurovision Song Contests an.

Das aus der Feder des Duos Jean Frankfurter/Irma Holder stammende *Hand in Hand in die Sonne* erreichte unter zehn Teilnehmern immerhin den sechsten Rang. Sieger und damit deutscher Vertreter in Rom wurde überraschend die kurz zuvor zusammengewürfelte Gruppe Atlantis 2000 mit *Dieser Traum darf niemals sterben* – ein Lied, an das sich zu Recht nur noch ESC-Freaks erinnern.

Damals, 1991, hatte sich Tanja Jonak klugerweise bereits anderen Dingen zugewandt und in München ein Studium der Mittelalterlichen Geschichte und

Kunstgeschichte begonnen, das sie mit ihrer Dissertation *Englische Grabdenkmäler des Mittelalters 1250–1500* abschloss. Dem Schlagerbusiness, das sie nie als ihr »Biotop« betrachtete und in dem sie, wie sie schrieb, vor allem ein Image zu bedienen hatte, das »in ganz bestimmte Schablonen passte«, sagte sie endgültig Adieu, um sich dem Studium mit »voller Aufmerksamkeit und Hingabe« widmen zu können. Acht Schlagerjahre immerhin hatte sie damals bereits »auf dem Buckel«.

Heute lebt Tanja Müller-Jonak als Autorin – unter anderem eines *Bildatlas Südengland* – in Leipzig und entwickelt als Kuratorin und Beraterin museale Ausstellungen, Animationsfilme, Imagefilme und Kulturapps. Man sieht: Wer als blutjunges Sternchen am Schlagerhimmel aufgeht, vermag sich durchaus weiterzuentwickeln. Auf Tanja Müller-Jonaks Homepage findet sich bedauerlicherweise kein Hinweis auf ihr Vorleben, das sie in Schlagerparaden führte und mit Dieter Thomas Heck oder Jürgen Drews zusammenbrachte.

Das Tragische Dreieck

STEH AUF

(Musik und Text: Jean Paul Bonnet, Olaf Roberto Bossi, David Hanselmann und Arno Müller)

Wer zu den Anhängern des VfB Stuttgart gehört, erinnert sich gern mit leuchtenden Augen an die 1990er-Jahre, als Krassimir Balakov, Fredi Bobic und Giovane Elber das vielleicht schönste Kapitel der Clubgeschichte schrieben. Unter ihren Trainern Rolf Fringer und Joachim Löw bildeten sie das »Magische Dreieck« und wirbelten die Bundesliga durcheinander. Allein 49 Tore erzielten die drei in der Spielzeit 1996/97, die zudem mit dem Gewinn des DFB-Pokals gekrönt wurde. Beide Tore im Endspiel schoss Elber, der daraufhin das Magische Dreieck seiner Magie beraubte und schnöderweise zum FC Bayern wechselte.

In Reminiszenz an dieses Trio bildete sich um Fredi Bobic ein »Tragisches Dreieck«, das nicht nur auf dem Rasen des Neckarstadions, sondern auch auf Vinylscheiben glänzen wollte. 1997 veröffentlichten der in Bad Cannstatt aufgewachsene Bobic und seine Mitspieler

Gerhard Poschner, der seine Karriere in Bissingen begann, sowie der Pfälzer Marco Haber – die beiden Letztgenannten brachten es zusammen immerhin auf rund 250 Bundesligaspiele – die Maxi-CD *Steh auf*, die verschiedene Auswärts- und Heimversionen des Titelsongs enthielt.

Das Stück kommt als Deutschrap-Nummer daher, und die CD zeigt die drei singenden Spieler in einem Outfit, wie sich Klara Pfleiderer aus Affalterbach rappende junge Menschen vorgestellt haben mochte. Der rhythmisierte Sprechgesang appelliert dabei nicht, wie zu erwarten, an die Zuschauer, sich von ihren Plätzen zu erheben und die Mannschaft nach vorne zu peitschen. Nein, es handelt sich um ein unkonventionelles Aufsteh- beziehungsweise Aufwecklied, das sich an den noch im Bett liegenden Fredi Bobic wendet. »Poschi, Mensch, pass auf, du hast mich grad geweckt, ich hab in einem wunderbaren Traum gesteckt«, antwortet dieser in astreinem Schwäbisch. Neugierig wollen die Kollegen wissen, was ihr Kollege in seinem Traum erlebt hat und ob in diesem – Nachsicht ist geboten, wir schreiben das Jahr 1996 – auch »viele schöne nackte Frau'n« zugegen waren. Das erotische Versprechen bleibt indes unerfüllt; stattdessen geht es in Bobics Traum anscheinend um glanzvolle musikalische Erfolge. Rätselhaft bleibt, warum der sehr oft wiederholte Refrain dem »Steh auf« die klangvollen Silben »eo amama eo« hinzufügt. Italienisch ist es nicht; der Amama ist ein Fluss in Ghana.

Das Tragische Dreieck gehört so in die Traditionslinie der singenden Fußballer, die Mitte der 1990er-Jahre ihren Höhepunkt längst überschritten hatte. Blicken wir, wenn Sie erlauben, kurz auf die Glanzpunkte des Fußballschlagers zurück: Ein Gastarbeiter brach 1965 den Bann, Münchens Torwartgigant Petar »Radi« Radenkovic, der seine Originalität und Klasse in Hitparaden-Platzierungen ummünzte. Sein *Bin i Radi, bin i König* zeichnete sich durch einen Text aus, dessen »Ausländerdeutsch« heute für Anstoß sorgen würde: »Steh ich so im Tor, / kommt mir manchmal vor: / Leuten nehmen Spiel zu ernst, / haben nicht Humor«.

Was dem Löwentorsteher recht war, sollte anderen billig sein, und so traten in der Folge diverse Spieler vors Mikrofon und schmetterten dies und jenes, losgelöst von jeder gesanglichen Qualifikation. Franz Beckenbauer, der für alles (Mobiltelefon, Geländewagen, Tütensuppen, Weißbier u. a.) als Werbeträger taugte, Charly Dörfel, Norbert Nigbur, die Kremers-Zwillinge oder Gerd Müller sangen alle und konkurrierten in der Rubrik »Singende Sportler« mit Phänomenen wie Hürdenläufer Martin Lauer, Eislaufprinzessin Marika Kilius, Segler Willy Kuhweide oder Boxer Bubi Scholz.

Wovon sangen unsere Balltreter? Motivgeschichtlich lassen sich zwei Stränge unterscheiden: der Gesang vom Brotberuf und der Gesang vom Allgemeinmenschlichen. Während Torjäger Gerd Müller seine Haupterwerbsquelle zünftig beschrieb (»Dann macht es bumm, ja, und dann kracht's«) und Keeper Radenkovic seine Genialität als Zerberus pries, meinten andere auf den Spuren professioneller Schlagersänger wandeln und sich Herz-Schmerz-Themen zuwenden zu müssen.

Franz Beckenbauer intonierte mit schleppender Stimme *Gute Freunde kann niemand trennen*, ein Lied, das einfallsarme Fernsehmacher bis heute einspielen, wenn sich Sportvorstände von Trainern unschön trennen. Kaum anders auf Schalke: Helmut und Erwin Kremers besangen ein austauschbares *Mädchen meiner Träume*, und ihr Clubkamerad Norbert Nigbur erzählte in *Darum weißt du nichts von mir* von der Begeisterung, die ein Mann empfindet, als er die Rückenpartie einer jungen Dame wahrnimmt. Sein anfänglicher, in einen großartigen Reim gebrachter Elan (»In der Wohnung geht ein Licht an, / und ich dachte, ein Gedicht, Mann!«) verpufft rasch. Die Vorderansicht enttäuscht den Macho, er wendet sich ab – eine frauenverachtende Einstellung, die prompt dazu führte, dass Nigbur in der Nationalelf nur selten berücksichtigt wurde.

Schöner klingen Lieder im Ohr, die versuchen, zwischen Ballspiel- und Liebesglück eine Verbindung herzustellen. Das Kölner Trio Hans Schäfer (einer aus der Wunder-von-Bern-Elf!), Heinz Hornig und Karl-Heinz Thielen wies in *Auf die Beine kommt es an* darauf hin, dass die besungenen weiblichen und männlichen Extremitäten sehr unterschiedliche Effekte erzielen können. Und auch Petar Radenkovics Ausflüge ins Grundsätzliche (in

Bisschen Glück in Liebe) bemühten sich um eine Balance, die das Tagewerk des Interpreten nicht außer Acht lässt: »In der Liebe ist es manchmal wie beim Fußballspiel / man glaubt, dass man gewinnt das Spiel, und kommt doch nicht ans Ziel«.

Was dem Einzelnen misslingt, kann auch im Kollektiv nicht glücken. 1974 hielt Helmut Schöns Mannschaft, trotz sich abzeichnender Schwächen, bis zum WM-Titel durch und überzeugte gleichzeitig als unbeschwertes Gesangsensemble. Hauruckproduzent Jack White zeichnete für das unvergessene *Fußball ist unser Leben* verantwortlich, das noch einmal den alten Mythos der Freundschaftsbande besang: »Einer für alle, alle für einen …« Danach kam wenig, und selbst österreichische Unterstützung (Udo Jürgens 1978 bei *Buenos Dias Argentina* und Peter Alexander 1986 bei *Mexico mi amor*) änderte nichts daran, dass der deutsche Fußball sich mehr und mehr dem kommerziellen Gesang entzog.

Wie kamen wir auf Peter Alexander? Ach ja, das Tragische Dreieck und dessen *Steh auf* ist so ein selbstironischer Abgesang auf das Genre »Fußballer trällern«. Dass dieses brachliegt, sollte man wertschätzen, und es besteht kein Anlass zur Sorge: Die Stuttgarter Mittelstädt, Führich und Nübel werden klug genug sein, kein Fragliches Dreieck zu bilden und irgendwelche Lieder zu singen.

Platz 36

Thomas Hock
EIN NEUER TAG
(Musik: Robert Schadel; Text: Karlheinz Freynik)

Heck oder Hock? Das ist die Frage. Eine zumindest, die im deutschen Schlagertümpel um 1970 ein paar Wellen hochschlagen ließ. Der einflussreiche Dieter Thomas Heck wollte es nicht hinnehmen, dass ein junger Mann, der sich Thomas Hock nannte oder womöglich sogar so hieß, in seiner ZDF-Hitparade auftrat. Das *Hamburger Abendblatt* ließ es sich nicht nehmen, die Hintergründe dieses Ränkespiels zu beleuchten. Emanuel Eckardt, später Journalist beim *stern* und bei *Merian*, beschrieb das »seltsame Hick-Hack um Heck und Hock«, das in Dieter Thomas Hecks Forderung kulminierte, Hock müsse seinen Namen ändern, wenn er Auftritte beim ZDF erleben wolle. Dass der legendäre Schnellsprechmoderator eigentlich Heckscher mit Nachnamen hieß, blieb dabei unerwähnt.

Thomas Hock, 1949 in Bretten geboren, hatte es in jener Zeit bereits zu gewissem Ruhm gebracht. Einem Studium am »Petit Conservatoire de la Chanson« in Paris folgten Schauspielunterricht in München und ein Auftritt in Dieter Pröttels *Talentschuppen* des Südwestfunks. Als Claude in der deutschen Fassung des legendären Musicals *Hair* stand er viele Male auf der Bühne. Produziert von Abi Ofarim nahm er – ausgestattet, so seine Plattenfirma, mit einer Stimme wie »Stahl und Samt« – 1970 seine erste Single auf: *Halt' meine Hand.* Ein Jahr später legte er nach mit *Heiß wie Feuer* und *Ein neuer Tag,* beides Coverversionen. Die Originale – *Sweet Poison* und *Another Day* – stammten vom australischen Songwriter Robert Schadel, der Mitte der 1960er-Jahre nach Großbritannien kam und sich »Schadel« nannte, ohne den erhofften Durchbruch im UK-Popmekka zu schaffen. Schließlich kehrte er in seine australische Heimat zurück und arbeitete als Homöopathie-Therapeut und Lehrer – wie Popkarrieren eben manchmal enden.

Von Hocks zweiter Single erfuhr das eigentlich als B-Seite verkaufte *Ein neuer Tag* gute Resonanz. Den deutschen Text schrieb der Hamburger Karlheinz Freynik, der zu den vielfach wechselnden Besetzungen der Folk-Rock-Gruppe Die City Preachers gehörte, wie auch Inga Rumpf, Dagmar Krause, Udo Lindenberg oder Eckart Kahlhofer. Später machte Freynik als Produzent und Drehbuchautor eine große Karriere bei Film und Fernsehen.

Hocks *Ein neuer Tag* ist ein unspektakuläres, textarmes Lied, das mutlosen Menschen Zuversicht verspricht. Den Eingangsversen »Wenn das Licht des Tages hinter

Bäumen versinkt / wenn auf jeder Uhr die letzte Stunde verging / denkst du daran, welcher Wunsch sich wieder nicht erfüllt?« folgt der optimistisch klingende, x-fach wiederholte Refrain: »Es kommt ein neuer Tag / ein neuer Tag, der uns dann sagt, wir sollen leben / Ein neuer Tag kann uns die Antwort, die wir suchen, vielleicht geben.« Das rekurriert auf klassische Schlagermotive, wie man sie von Ivo Robic' *Morgen* kennt oder von Udo Jürgens' *Immer wieder geht die Sonne auf*. Hoffnungslosigkeit zu verbreiten war noch nie die Hauptaufgabe des Schlagers.

Der spindeldürre Thomas Hock trug damals das blonde Haar mit Mittelscheitel in zeitüblicher Länge, garniert von langen Koteletten, die heutzutage erfreulicherweise kaum noch anzutreffen sind. Immerhin brachte es der *Hair*-Interpret damit zu einem Auftritt in Ilja Richters *Disco* und – man höre und staune – in der ZDF-Hitparade. Was zum Sinneswandel Dieter Thomas Hecks, der zu jener Zeit auch mächtige Koteletten trug, führte, ist nicht überliefert. Auf jeden Fall ist sein Fastnamensvetter Hock mit *Ein neuer Tag* am 19. Juni 1971 in der Sendung zu hören und zu sehen, in einem silbrig schimmernden Anzug. Die Konkurrenz ist stark, darunter Ulli Martin mit *Monika*, Marianne Rosenberg mit *Fremder Mann* oder Bata Illic mit *Judy, I Love You*, und so gelingt es Hock nicht, sich zu platzieren.

Danach nahm Hocks Karriere eine eigentümliche Wendung. Wie er viele Jahre später mit viel kürzerem Haar in einem Internetgespräch erläuterte, führten ihn verschlungene Wege nach Spanien. Auf dem spanischen RCA-Label veröffentlichte Hock noch ein paar Singles, darunter immerhin die spanische Fassung von Christian Anders' größtem Song *Es fährt ein Zug nach nirgendwo.* Wie in den von Anders selbst gesungenen englischen und französischen Fassungen – *Train To Nowhere-Land* und *Un train pour nulle part* – bleibt die tragische Konstellation des Zugs, der die geliebte, sich entfernende Maria an Bord hat und ums Verrecken nicht anhalten will, auch im Spanischen erhalten: *El tren de ningua parte.*

Was danach aus Thomas Hock wurde? Keine Ahnung.

Platz 35

Ralf Christian

KOMM FLIEG MIT MIR IN DIE SPANISCHE SONNE

(Musik: Rudolf Müssig, Detlef Reshöft; Text: Irma Holder)

Schlager erzählen gern von Sehnsüchten, von der Hoffnung, die große, möglichst immerwährende Liebe zu finden oder fernab von der kleinen, nicht ganz so schönen Zweizimmerwohnung in Kaltenkirchen oder Backnang herrliche Urlaubsstunden an fernen Stränden zu verbringen, wo man den schnöden Alltag vergessen darf.

Kein Wunder also, dass Schlager oft von Ländern erzählen, wo die Sonne länger als in Kaltenkirchen oder Backnang scheint und wo, bei rotem Wein und Gitarrengesang, sich eine neue Liebe rascher findet als in – Sie wissen schon – Kaltenkirchen oder Backnang. Gleich nach dem Zweiten Weltkrieg, als die Deutschen rasch die Vergangenheit zu den Akten legen wollten, ihre Geldbeutel aber ausschweifende Sommerurlaube in der Regel nicht zuließen, malten Schlagertexter romantisch verklärte Landschaften, die nichts von deutscher Nachkriegstristesse an sich hatten.

Italien war bis in die 1960er-Jahre das Schlagerreiseziel schlechthin, lange bevor die jungen Wirtschaftswunderkinder den Teutonengrill an der italienischen Adria nicht nur in ihren Träumen eroberten. Rudi Schurickes *Capri-Fischer* (1946) setzten den ersten wirkmächtigen Impuls, dem Schuricke selbst *Florentinische Nächte*, Connie Francis *Napoli* oder René Carol *Im Hafen von Adano* folgen ließen. Typisch für diesen Aufbruch ins Sehnsuchtsland Nummer eins war Caterina Valentes *Komm ein bisschen mit nach Italien*, eine unverblümte Aufforderung, seine Ferien nicht im Harz oder Allgäu zu verbringen. Folgerichtig erhielt Texter Kurt Feltz für seine Bemühungen 1958 vom italienischen Staat einen Orden für Verdienste um den Tourismus.

Spanien kam später, als die Tourismusbranche zu florieren begann und die Menschen auf die Iberische Halbinsel oder an griechische Küsten lockte.

An Beispielen erfolgreicher Spanienschlager mangelt es nicht, zumal zunehmend die Balearen zu einem attraktiven Urlaubsort wurden. Julio Iglesias eroberte die Herzen der Frauen, Cindy & Bert besangen Spaniens Gitarren und der Deutsch-Kroate Ibo rühmte in großer Schlichtheit, was Ibiza zu bieten hatte: »Ich bin gut drauf, und ich schlaf gern lang. / Frühstück fängt bei mir erst mittags an. / Die Sonne streichelt mich das ganze Jahr. / Wer braucht dich, ich hab Ibiza.«

Nicht vergessen wollen wir, was Hanno Aroni 1972, ein Jahr bevor Günter Netzer zu Real Madrid wechselte, zum Besten gab: die inhaltsarme Hymne *Eviva España* (1972). Diese bestand vor allem aus eingängig-plumpen Rhythmen und der x-fachen Wiederholung des Ausrufs »Eviva España« nebst unnachahmlichen Versen wie: »Die Sonne scheint bei Tag und Nacht / Eviva España. / Der Himmel weiß, wie sie das macht, / Eviva España. / Die Gläser, die sind voller Wein, / Eviva España. / Und bist du selber einmal dort, / willst du nie wieder fort.«

Als der 1965 in Mannheim geborene Ralf Christian 1989 sein *Komm flieg mit mir in die spanische Sonne* aufnahm, konnte er also keine Originalität mehr beanspruchen, und seine Texterin Irma Holder unternahm auch keinerlei Anstrengung, mehr als vertrautes Urlaubsmaterial anzuhäufen. Das Lied berichtet von einem jungen Mann, der einer unter Liebeskummer leidenden Freundin mit Rat und Tat zur Seite steht. Als Heilmittel gegen das Verlassenwordensein bietet sich ein Urlaubstrip an, nach – man ahnt es – Spanien: »Komm flieg mit mir in die spanische Sonne, / sie nimmt den Schatten aus deinem Gesicht, / und du wirst sehen unter spanischer Sonne, / wie leicht man vergisst.«

Mehr über Spanien ist in diesem Lied partout nicht zu erfahren; es scheint sich aber um ein sonniges Land zu handeln. Dass es, wo viel Sonne, auch viel Schatten gibt, hat Ralf Christian und Irma Holder offenkundig nicht interessiert. Ganz altruistisch war der Ratschlag des Sängers übrigens wohl nicht gemeint, denn er malt sich rasch aus, wie es wäre, der neue Freund der gerade noch einsamen Frau zu werden und einen »ewigen Sommer« mit ihr zu verbringen.

Bereits mit sechzehn Jahren nahm Ralf Christian seine erste Platte auf – *Liebe heißt das Wort* –, doch weder damit noch mit allem, was folgte, schrieb er sich in die Schlagerannalen ein. *Komm flieg mit mir in die spanische Sonne* änderte daran nichts, ebenso wenig wie *Herz aus Eis*, *Sally's Wagen* oder der Versuch, mit *Auf geht's nach Athen* mittels Griechenlandfolklore zu punkten. Sie kennen alle diese Lieder nicht? Macht nichts.

Dreierlei sei nicht verschwiegen: dass Ralf Christian eine Vokuhila-Frisur trug, eine Manta-Matte, wie sie damals sogar Friseure in Kaltenkirchen oder Backnang im Angebot hatten; dass er auch am Erfolg der TV-Serie *Ein Schloß am Wörthersee* (siehe Platz 39: Albin Berger) partizipierte und neben anderen den Titelsong intonieren durfte, und dass er es zu einem Eintrag ins *Lexikon des deutschen Schlagers* (1992) brachte, erschienen in einem Ludwigsburger Verlag.

Platz 34

Inge Brück
ANOUSCHKA
(Musik und Text: Hans Blum)

Als Inge Brück im Oktober 2021 ihren 85. Geburtstag beging, versah die Zeitung ihrer Heimatstadt, der *Mannheimer Morgen*, den Geburtstagsartikel mit der Überschrift »Mannheims vergessener Star«. Zu diesem Zeitpunkt hatte sich Inge Brück (die eigentlich Brückl hieß) längst aus der Unterhaltungsmusik verabschiedet. Als junges Mädchen war sie zuerst als Jazzsängerin erfolgreich aufgetreten, ehe sie ins Schlagergenre wechselte und gleich 1957 einen veritablen Hit landete. Ihr *Peter, komm' heut abend zum Hafen*, eine Coverversion von Jim Lowes *The Green Door*, passte gut in den Fundus der seinerzeit weitverbreiteten maritimen Schlager und erreichte Platz 7 der deutschen Charts.

Fortan war Brück regelmäßig in Musicals und im deutschen Fernsehen zu sehen, und als sie 1966 in Rio de Janeiro beim International Song Festival gewann, lud sie der Norddeutsche Rundfunk ein Jahr später ein, Deutschland beim Grand Prix Eurovision de la Chanson in der Wiener Hofburg zu vertreten. Verantwortlich für ihren Beitrag zeichnete einer der erfolgreichsten Komponisten und Texter jener Jahre: Hans Blum, der in Wien zudem ans Dirigentenpult trat, als Inge Brück mit *Anouschka* auftrat. 1966 hatte Blum für Wencke Myhre *Beiß nicht gleich in jeden Apfel* geschrieben und beim Deutschen Schlagerfestival triumphiert.

Anouschka ist ein sympathisches, von zarten Swingelementen grundiertes Lied, das einer »kleinen Anouschka« Mut zuspricht: »Musst nicht weinen, kleine Anouschka, / er kommt wieder, kleine Anouschka, / wenn der Frühling kommt, / wenn die Blumen blüh'n, / ist er wieder bei dir.« Inge Brück trug es so vor, wie es ihre Art war: unprätentiös, charmant. Ihr Kurzhaarschnitt – der Grand-Prix-Kenner Jan Feddersen viele Jahre später zu der These verleitete, Brück habe die Angela-Merkel-Frisur erfunden – versinnbildlichte eine gewisse Keckheit, die verhalten Sinnliches an sich hatte.

Anouschka erreichte unter siebzehn Teilnehmern Platz 8 – ein respektables Ergebnis, für das man in Deutschland später oftmals dankbar gewesen wäre. Den Sieg trug mit klarem Abstand zur Konkurrenz die barfüßig auftretende Britin Sandie Shaw davon, mit *Puppet On A String*, das zu einem ESC-Klassiker wurde. Warum die deutsche Fassung *Wiedehopf im Mai* hieß, bleibt eines der großen Rätsel der Musikgeschichte. Andere Schlager mit »Wiedehopf« sind mir auf jeden Fall nicht bekannt.

Dass Inge Brücks auf die Wiederkehr der »ewigen Liebe« wartende Liedheldin nicht Maria, Gaby oder Mary-Lou heißt, lässt sich hingegen leichter erklären. Der Schlagermarkt entdeckte in diesen Jahren ein neues exotisches Flair: Russland und seine dunkle Seele. Während der Berliner Hans Rippert mit Fellmütze zum Vorzeigerussen Ivan Rebroff mutierte, entdeckte die junge, melancholisch dreinblickende Alexandra (*Zigeunerjunge*) die slawische Seele und wurde zur Taiga-Spezialistin. Kein Wunder, dass Alexandra Inge Brücks Grand-Prix-Titel 1969 als *Kleine Anuschka* coverte. Im selben Jahr legte Udo Jürgens seine dezent frivole, wodkageschwängerte *Anuschka* vor.

Hans Blum übrigens, der in den 1970er-Jahren als Henry Valentino mit *Im Wagen vor mir* als Sänger einen großen Hit landete, vertrat Deutschland noch zwei weitere Male beim Grand Prix: mit Siw Malmkvists *Primaballerina* und 1986 mit Ingrid Peters' *Über die Brücke geh'n.*

Zu dieser Zeit hatte Inge Brück mit dem Showbusiness nichts mehr im Sinn. Zuvor hatte sie noch einmal das Terrain gewechselt und 1970 in der dreizehnteiligen ZDF-Vorabendserie *Miss Molly Mill* die Hauptrolle gespielt, eine auf Stellensuche befindliche Frau, die kleine Kriminalfälle zu lösen hat. Inge Brück sang auch die Titelmelodie der Serie.

Wie Inge Brück Jahre später in einem Interview erzählte, fühlte sie sich zusehends fremd im oberflächlichen Musikgeschäft und suchte nach verlässlicher Orientierung. Sie

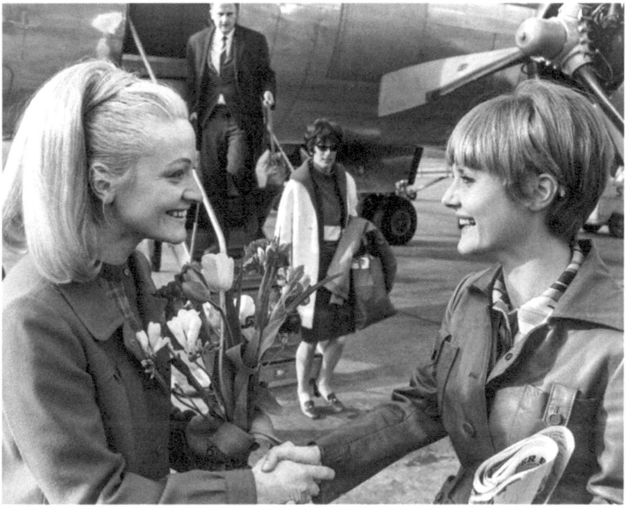

entdeckte Gott und den Glauben für sich, schrieb religiöse Gedichte und Lieder, gestaltete Kirchenfenster und war Mitbegründerin der Initiative »Künstler für Christus«. An ihrer Seite wirkten unter anderen Kathy Kelly, Katja Ebstein und Peter Horton, der aparterweise 1967 ebenfalls beim Grand Prix an den Start gegangen war, für Österreich. Heute lebt Inge Brück im Sauerland, in Meschede.

Platz 33

Suzanne Doucet

DAS GEHT DOCH KEINEN ETWAS AN

(Musik: Jacques Revaux; Text: Günter Loose)

Kennen Sie den Schriftsteller Fred von Hoerschelmann? 1901 in Estland geboren, ging er vor allem als Hörspielautor in die deutsche Literaturgeschichte ein. Besonderen Erfolg hatte er mit seinem 1953 erstmals gesendeten Hörspiel *Das Schiff Esperanza*, das in zwanzig Sprachen übersetzt wurde, immer noch als Reclam-Bändchen lieferbar ist und etliche Jahre fester Bestandteil des Deutschunterrichts war. Nach dem Zweiten Weltkrieg lebte er bis zu seinem Tod 1976 in Tübingen, wo er mit der Schauspielerin Helen-Maria Freiin von Lauer-Münchhofen liiert war. Diese wiederum – wir näheren uns unserem Ziel – ist Mutter der Schauspielerin, Moderatorin und Sängerin Suzanne Doucet, die 1944 in Tübingen geboren wurde. Nach von Hoerschelmanns Tod wurde Doucet als Nachlassverwalterin seines Werkes (das 2019 gesammelt in vier Bänden erschien) eingesetzt.

Schon als junges Mädchen stand Suzanne Doucet auf der Theaterbühne, trat in Musicals auf, spielte in Filmen, komponierte, textete – unter anderem für Udo Jürgens und Katja Ebstein –, produzierte und war in den 1960er- und 1970er-Jahren häufig als Moderatorin im Fernsehen zu sehen. Sie agierte beispielsweise neben Ilja Richter in der Sendung *4-3-2-1 – Hot & Sweet*, moderierte *Hits à Gogo* und *James' Tierleben* (mit Hans Clarin), trat in der *Schaubude* und in Chris Howlands *Musik aus Studio B* auf.

Anfang der 1960er-Jahre debütierte sie als Schlagersängerin. Unter anderem nahm sie die Coverversion von *Be My Baby* auf, mit dem die US-Gruppe The Ronettes 1963 einen Tophit landete und das einige Jahre später in Andy Kims Aufnahme nochmals großen Erfolg hatte. Doucets Version *Sei mein Baby* war die B-Seite ihres erfolgreichsten Schlagers *Das geht doch keinen etwas an*, der es immerhin auf Platz 10 der deutschen Charts brachte.

Damit hatte sie 1964 einen Gastauftritt bei den damals sehr einflussreichen Deutschen Schlager-Festspielen in Baden-Baden. Doucet gehörte nicht zum offiziellen Teilnehmerfeld, aus dem Siw Malmkvist mit *Liebeskummer lohnt sich nicht* als Siegerin hervorging. Mit aparten kurzen Haaren, die Doucet in den Augen mancher zum deutschen Pendant der Italienerin Rita Pavone (*Arrivederci Hans*) machten, gefiel Doucet durch ihren lockeren Auftritt. Dass die im Hauptfeld angetretene Dänin Dorthe (*Junger Mann mit roten Rosen*) Doucet zum Verwechseln ähnlich sah, sprang sofort ins Auge.

Den Text für *Das geht doch keinen etwas an* hatte Günter Loose geschrieben, der ein Jahr später zur Komposition von Christian Bruhn Autor eines seine Rente locker absichernden Megahits wurde: *Marmor, Stein und Eisen bricht*. Doucets Lied war die Coverversion eines französischen Songs, den der elfjährige Schweizer Kinderstar Pascal Krug unter dem literarisch ambitionierten Pseudonym Le Petit Prince 1963 aufnahm: *C'est bien joli d'être copains*.

Die Komposition stammte – diese Abschweifung sei erlaubt – von keinem Geringeren als Jacques Revaux, der drei Jahrzehnte mit Michel Sardou (*La maladie d'amour, Les lacs du Connemara*) zusammenarbeitete und dem 1967 ein veritabler Welterfolg glückte: Zuerst als *Comme d'habitude* von Hervé Vilard und Claude François gesungen, avancierte die englische Version *My Way* zu einem hundertfach gecoverten Evergreen. Frank Sinatras Fassung ist die wohl bekannteste, aber auch Harald Juhnke und Mary Roos legten respektable Eindeutschungen vor.

Suzanne Doucets *Das geht doch keinen etwas an* ist die munter-schmollend vorgetragene Klage eines Mädchens, das nicht möchte, dass ihre Liebe zu »ihm« von aller Welt kommentiert wird. Parallelen zu Wencke Myhres kurz darauf erschienenem *Sprich nicht drüber* sind nicht zu überhören.

Liebe ist Privatsache, so die Botschaft, die im Mittelteil in ungewohnten Rhythmen vorgetragen wird: »Ob ich mal tanzen geh' mit dir, / ob wir uns küssen vor der Tür, / ob wir im Park spazierengeh'n, / das kann von mir aus jeder seh'n. / Denn du bist der eine, ja, du bist der eine, / der nicht wie die ander'n ist / Der von Liebe redet und dann an der Ecke / schon eine andre küsst.« Solche untreuen Gesellen hatten damals im Schlager keine Chance, ein Glück, dass Suzanne Doucet auf ein moralisch gefestigteres Männerexemplar gestoßen ist. Andrea Bergs *Du hast mich tausendmal belogen* (siehe Platz 8) kam erst viele Jahre später.

Nicht verschwiegen sei, dass Suzanne Doucet nach ihren Schlager- und TV-Jahren einen geradezu sensationellen Weg einschlug. Sie propagierte in Deutschland als eine der Ersten New-Age-Musik, und als sie 1983 nach Kalifornien zog, wurde sie zu einem Star des Genres. Ihre CDs hießen nun *Transformation* oder *Reflecting*, und auch mit ihrem *Sound Of Nature*, CD-Sammlungen mit reinen Naturklängen, betrat sie Neuland. Die Ausrichtung dieses Buches erlaubt es leider nicht, auf Doucets *Whale's Lovesong* oder *Enchanted Rainforest* einzugehen.

Möglicherweise hat Doucets zweite Karriere mit ihrem Vater, dem C.-G.-Jung-Schüler Friedrich W. Doucet (1914–1991), zu tun. Dieser legte im Lauf der Jahre eine Vielzahl psychoanalytischer, zum Teil esoterisch angehauchter Werke vor, darunter *Das große Buch der Traumdeutung*, *Die Toten leben unter uns*, *Taschenlexikon der Sexualsymbole*, *Der Liebesakt und seine Variationen* oder *Geschichte der Geheimwissenschaften*.

Platz 32

Ulla Norden
VERLIEBT IN DEN EIGENEN MANN
(Musik: Jean Kluger; Text: Gregor Rottschalk)

Dass der Schlager meistens von der Liebe singt, ist kein großes Geheimnis, doch wie er von der Liebe singt, hängt nicht zuletzt von den Entwicklungen der Gesellschaft ab. Kein Wunder, dass es im Schlager der 1950er- und 1960er-Jahre sehr anständig zuging, Erotik nicht weiter ging als in Gerhard Wendlands *Das machen nur die Beine der Dolores* und einmal geweckte Liebe unweigerlich in den Hafen der Ehe mündete, aus dem es in der Regel kein Entrinnen mehr gab. Conny Froeboess' und Peter Alexanders *Verliebt, verlobt, verheiratet* (»... so heißt das Spiel zu zweit«) und Roy Blacks Hochzeitsglockenlied *Ganz in weiß* bildeten dafür die idealen Vorlagen.

Der glückliche Umstand, dass Schlager in der Regel nicht länger als drei Minuten dauern, bringt es mit sich, dass seine Liebeserzählungen über ein stürmisches Sichkennenlernen und das Versprechen, einander für immer und ewig die Treue zu halten, selten hinausgelangen. Was danach mit der Liebe geschieht, wenn die Kinder kommen, zermürbende Alltagsroutine waltet und das sexuelle Feuer verglimmt, war lange Zeit kein Thema in der heilen Schlagerwelt.

Erst als Ende der 1960er-Jahre die bundesrepublikanische Gesellschaft ihren restaurativen Muff abzuwerfen versuchte, erotische Libertinage um sich griff und schließlich sogar Betten in Kornfeldern aufgeschlagen wurden, kamen Schlagertexter nicht umhin, dieser Entwicklung Tribut zu zollen. Plötzlich traf man – in Udo Jürgens' *Ein ehrenwertes Haus* oder Christian Anders' *In den Augen der andern* – auf »wilde Ehen«, plötzlich schlug sich die ansteigende Scheidungsquote – in Udo Jürgens' *Geschieden*, Gunter Gabriels *Hey, Yvonne* oder Andrea Jürgens' *Und dabei liebe ich euch beide* – auch im Schlager nieder. Vom »Bis dass der Tod uns scheidet« war immer seltener die Rede, denn auch im wahren Leben trennten sich die Paare immer häufiger, sei es in, sei es vor der Ehe. Das geschah mal melancholisch wie in Gerd Christians *Sag ihr auch*, einem der erfolgreichsten DDR-Schlager, mal trotzig wie in *Dann geh doch* des Spezialisten für beleidigte und fremdgehende Männer Howard Carpendale, dem es sogar gelang – in *Tür an Tür mit Alice* –, vom Ende einer Beziehung, die nie eine gewesen war, zu singen.

Trennungen blieben trotzdem Störfaktoren im Schlagergarten, und so gab es immer wieder Lieder, die mit Verve gegen das permanente Auseinandergehen ankämpften, das fast konservative Festhalten am (Ehe-)

Partner beschworen und vom scheidungsunwilligen Publikum umso begeisterter aufgenommen wurden. Ulla Norden hat 1979 ein solches Lied veröffentlicht: *Verliebt in den eigenen Mann*. Komponiert wurde es von dem Belgier Jean Kluger und getextet von Gregor Rottschalk, der unter seinem Pseudonym Christian Heilburg Klassiker wie Marianne Rosenbergs *Er gehört zu mir* oder Peter Maffays *Und es war Sommer* schrieb.

Ulla Norden gehört zu den Figuren des Musikgeschäfts, die über viele Jahre einfach dazugehörten, im Fernsehen regelmäßig auftraten, im Radio bestens präsent waren, obwohl sie es nie zu einer offiziellen Chartsnotierung brachten. 1940 wurde sie als Ursula Kleiner in Mannheim geboren, sie wuchs in Singen am Hohentwicl auf, erhielt Schauspielunterricht in Konstanz, wo sie 1959 einen Nachwuchswettbewerb gewann, und nahm kurz darauf erste Schallplatten auf. Da hatte man ihr bereits den Künstlernamen Ulla Norden verpasst, der zwangsläufig dazu führte, dass man die blauäugige Blonde eher für ein Kind Schleswig-Holsteins als des Südwestens hielt.

Ganz große Hits weist ihre Karriere nicht auf, doch immer wieder hatte die stets putzmunter und heiter wirkende Interpretin Achtungserfolge, nicht zuletzt als sie 1978 zur Polydor wechselte. Dort sang sie die Coverversion von *You're The Greatest Lover*, mit dem die niederländische Frauengruppe Luv' sehr erfolgreich war. *Wir sind verrückt (wir beide)* hieß Nordens gut ins Ohr gehende deutsche Fassung.

Verliebt in den eigenen Mann hat sich vor allem in Radiowunschkonzerten einen Platz bewahrt, taugt es doch wunderbar, um bei silbernen und goldenen Hochzeiten für passenden musikalischen Background zu sorgen. Musikalisch hat der Song wenig zu bieten, passt jedoch gut zu Ulla Nordens positiver Ausstrahlung. Ihr Lied ist eine Liebesklärung an den »eigenen Mann«; die Zeit hat der Beziehung nichts anhaben können, das Kribbeln im Bauch hat nicht aufgehört: »Mir wird ganz anders, wenn du mich ansiehst. / Und wenn du redest, dann hör ich Musik. / Wenn du mich küsst, krieg ich weiche Knie. / Das zählt für mich und sonst gar nichts.« Das Ganze wird in verschiedenen Bildfolgen nachgebetet, und natürlich eignet sich auch die Natur dafür, das Unverbrüchliche dieser Beziehung zu betonen. »Wie der Wind zum Meer« gehört der Angesungene zu seiner Gemahlin, und dass auch an der See gelegentlich Flaute herrscht, wird geflissentlich ignoriert.

Ulla Nordens Lob der prickelnd gebliebenen Ehe war ein Coup und Balsam in den Ohren all derjenigen, die das mangelnde Durchhaltevermögen junger Paare beklagen. Udo Jürgens übrigens ist mit dem Motiv kühner umgegangen: Sein *Paris – einfach so nur zum Spaß* erzählt von der üblichen Partnerschaftsermattung, dem miesen »Leben nach Plan«, dem beide Partner durch ein Abenteuer an der Seine entgehen wollen. Ohne dass man von den Absichten des anderen weiß, sucht man Paris-Begleitungen und gibt Inserate auf. Am Bahnhof treffen sich die Gleichgesinnten und stellen überrascht fest: »Und dieses helle Lachen, das kannte ich genau: / Vor mir stand nämlich meine eigene Frau«.

Mit der Originalität von Michael Kunzes Text kann Ulla Nordens *Verliebt in den eigenen Mann* nicht mithalten, doch ihr appellativer Song zielt ja auch weniger darauf ab, eine Geschichte zu erzählen. Diese Ehe ist ein Dauerbrenner.

Ulla Norden hat immer wieder Comebackversuche unternommen, auch mit Liedern, die ins Countrygenre changierten. Zu ihrem zweiten Standbein wurde jedoch der Rundfunk, wo sie vor allem für den Westdeutschen Rundfunk jahrelang Musiksendungen moderierte. 2011 zog sie sich zurück; sie starb 2018 in Bad Neuenahr.

Platz 31

Pur
ICH DENK AN DICH
(Musik und Text: Hartmut Engler, Ingo Reidl)

Bietigheim? Wer sich im Raum Stuttgart nicht auskennt, verbindet wohl nicht viel mit der Gemeinde, die sich 1975 mit Nachbarort Bissingen zusammentat. Literarisch Interessierte denken vielleicht an den Schriftsteller Otto Rombach, Ehrenbürger der Stadt. Fußballfreunden gefällt der örtliche Club allein wegen seines schönen Namens SV Germania Bietigheim, wenngleich dessen beste Zeiten etliche Jahrzehnte zurückliegen.

Und natürlich gab es da Lothar Späth, der in der Verwaltung Bietigheims wirkte, Bürgermeister der Stadt wurde, für deren Wahlkreis in den baden-württembergischen Landtag einzog und 1978 Ministerpräsident des Bundeslandes wurde, das damals noch meilenweit davon entfernt war, albernerweise als »The Länd« zu firmieren.

Alles schön und gut, doch vermutlich ist es eine Popband namens Pur, die zu Ruhm und Ehre Bietigheims am meisten beigetragen hat.

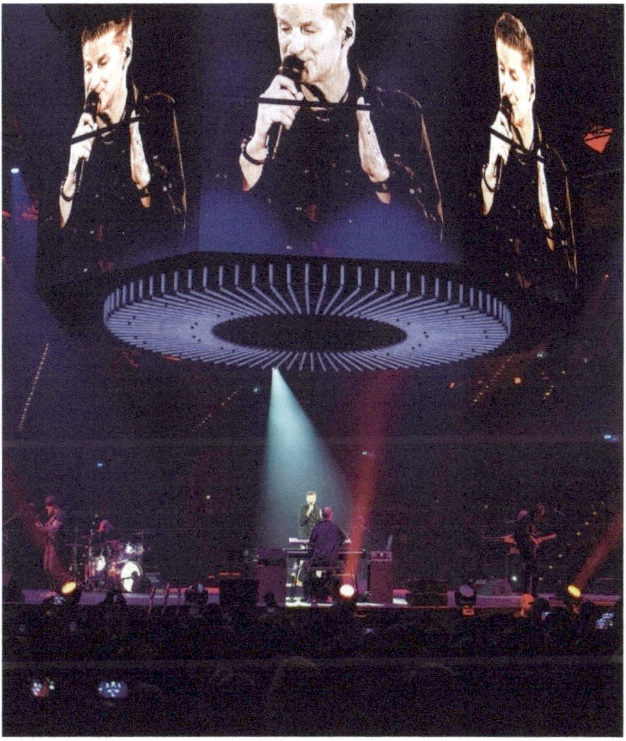

1975 gründeten die 1961 in Bietigheim geborenen Jungmusiker Roland Bless und Ingo Reidl die Band Crusade. Kurz darauf kam der gleichaltrige Ingersheimer Hartmut Engler hinzu. Joe Crawford und Rudi Buttlas komplettierten wenig später die Band, eine Besetzung, die bis 2010 zusammenblieb. 1980 benannte man sich in Opus um, ehe man fünf Jahre später zu Pur wurde.

Fraglos ist Pur bis heute eine der erfolgreichsten deutschen Popgruppen, die zahllose Auszeichnungen (darunter Echo, Goldene Stimmgabel und Goldene Kamera) erhielt, legendäre Konzerte gab, etwa in der Schalker Veltins-Arena, und zum Dauergast in den Charts wurde. Alben von *Abenteuerland* bis *Mittendrin* kamen auf Platz 1, und 2003 erreichte auch die Single *Ich denk an dich* diese begehrte Platzierung.

Welchem Genre sich die Pur-Lieder zurechnen lassen, ist nicht einfach zu entscheiden – und vielleicht auch unwichtig. Vom herkömmlichen Schlager sind sie ein gutes Stück entfernt, mit ihren Melodien, die nicht auf mitklatschbare Refrainseligkeit setzen, mit ihren Texten, die selbst wenn sie von Liebe & Co. handeln, differenzierte Gedanken verarbeiteten. Kein Wunder, dass Bandmitglied Hartmut Engler 1991 den angesehenen Fred-Jay-Preis erhielt. Verliehen wird er an Künstler, die »mit ihrem Werk einen besonderen Beitrag zur deutschen Sprache in der Musik leisten«.

Purs *Ich denk an dich* findet einen Ausweg aus dem Dilemma des Unsagbaren. Statt großer Worte, um der Komplexität der Welt, den »tausend Dingen«, gerecht zu werden, macht man es sich »ganz einfach«, beschränkt sich »unterm Strich« auf das, was sich in wenigen Zeilen sagen lässt: »Ich denk an dich, / ich vermisse dich, / ich denk an dich, / ich vergess dich nicht, / ich denk an dich«.

Geschickt spielt das Lied mit den großen Erwartungen, die große Gefühle wecken, und unterläuft sie. Kokett einräumend, dass man sich schon mal »besser ausgedrückt« und glänzendere »Wortsterne vom Himmel gepflückt« habe, gewinnt das Lied durch diese Zurückhaltung an Charme. Manchmal braucht es den Rückzug von der Welt, um mit ihr zurechtzukommen. Sich auf den Partner, das geliebte Gegenüber zurückzuziehen, das mag eine Regression sein, die nicht selten zum Kitsch gerät. Manchmal aber geht es nicht ohne Regressionen, und wenn die so klar und unsentimental wie in *Ich denk an dich* besungen werden, sei das gelobt und gepriesen.

Platz 30

Melitta Berg

NUR DU, DU, DU ALLEIN

(Musik: Phil Spector; Text: Joachim Relin)

Da wollte es einer genau wissen. In seiner 1975 erschienenen Studie *Der Schlager – das Lied als Ware* hat Dietrich Kayser vielfältige statistische Erhebungen durchgeführt und, vor allem mit Bezug auf den west- und ostdeutschen Nachkriegsschlager, nachgezählt, welche Wörter sich besonderer Beliebtheit erfreuen. Das Ergebnis fällt für beide deutschen Staaten gleich aus. »Ich« führt die Vokabelhitliste mit deutlichem Vorsprung an, gefolgt von »Du«. Das überrascht nicht sonderlich, wenn man berücksichtigt, dass in Schlagern allenthalben das Thema Liebe dominiert und sie oft eine Ich-Anrede an ein begehrtes Du aufweisen.

Unter den unzähligen Du-Schlagern ist das von Peter Orloff komponierte und von Michael Kunze getextete *Du* aus dem Jahr 1970 vielleicht der bekannteste. Die elegische Schnulze schaffte es aus dem Stand auf Platz 1 der Charts und leitete Peter Maffays lang währende Karriere ein. Rund zwei Dutzend Mal wird ein äußerst stark geliebtes Du angesprochen, von den ebenfalls reichlichen vorhandenen Nebenformen »dich« und »dir« ganz abgesehen.

Trotz dieser kaum überbietbaren Du-Seligkeit kann *Du* einem Lied nicht das Wasser reichen, wenn es darum geht, das kleine Personalpronomen bereits im Titel markant häufig zu platzieren. Melitta Berg und ihrem Texter Joachim Relin gelang es 1959, das Zauberwort dort gleich dreimal unterzubringen. *Nur du, du, du allein* ist die Coverversion eines US-Hits, mit dem kein Geringerer als Phil Spector die Bühne betrat – jener Mann, der später zu einem der erfolgreichsten Musikproduzenten wurde und seine letzten Lebensjahre in einem kalifornischen Gefängnis verbrachte. Als Achtzehnjähriger hatte Spector 1958 die – sehr kurzlebige – Popgruppe The Teddy Bears gegründet und mit *To Know Him Is To Love Him* sofort einen Nummer-1-Hit gelandet.

Dieser wurde vielfach gecovert, unter anderen von den Beatles, von Nancy Sinatra, Emmylou Harris oder Jill Johnson. In Deutschland konnte sich Melitta Bergs Aufnahme, vorgetragen mit einer einprägsamen Altstimme, die sich deutlich vom Original abhob, gegen die der Schwedin Alice Babs durchsetzen und erreichte immerhin den fünften Platz der Charts.

1939 wurde Melitta Berg als Melitta Killenberger in Singen am Hohentwiel geboren, wo sie auch aufwuchs. Bereits mit vierzehn Jahren trat sie in einem Männerchor auf und wurde in der regionalen Presse schnell als aufstrebendes Talent gefeiert.

Sie nahm Schauspielunterricht und erhielt früh einen Plattenvertrag bei der Polydor. Die junge Frau aus Oberschwaben mit der ungewöhnlichen Stimme besaß alle Aussichten, eine ernsthafte Chansonsängerin zu werden. Dass sie mit dem klassisch-schlichten Liebesschlager *Nur du, du, du allein* ihren ersten großen Erfolg feierte, wollte dazu nicht recht passen.

An diesen Hit reichten Melitta Bergs folgende Singles, die mehr oder minder im Unterholz des Schlagerwaldes verschwunden sind, nicht heran. 1962 schien sich das Blatt noch einmal zu ihren Gunsten zu wenden. Berg nahm das von Heinz Alisch und Walter Richter geschriebene zeittypische Matrosenlied *Eine Rose von Santa Monica* auf – hatte aber mit unliebsamer Konkurrenz zu kämpfen: mit der sehr jungen Mary Roos und mit der Israelin Carmela Corren. Letztere gewann den Wettstreit und kam unter die Top 5 der Charts, während Melitta Berg leer ausging. Apart an den drei Versionen ist, dass alle Sängerinnen sich einen italo-amerikanischen Akzent antrainierten, der offensichtlich an die damals hoch erfolgreiche Connie Francis erinnern sollte.

Genützt hat das Melitta Berg nichts. Im selben Jahr endete ihr Plattenvertrag mit der Polydor. Versuche, wieder im Schlagergeschäft Fuß zu fassen, verliefen im Sand. Melitta Berg zog sich zurück und wurde Altenpflegerin. Wo sie heute lebt, würden wir gerne wissen.

Nur du, du, du allein ist auf jeden Fall ein schmachtendes, erinnerungswürdiges Lied geblieben, das, hört man genau hin, freilich von einer unerwiderten, unerfüllten Liebe handelt. Verse wie »Um dich, dich, dich zu seh'n, / würd ich tausend Wege geh'n, / wenn ich es nur wüsst', / wo du heute bist« machen wenig Aussicht auf eine baldige (Wieder-)Vereinigung. Schon das der Refrainzeile folgende »… könntest alles für mich sein« lässt den Konjunktiv regieren, und so herrscht bis zum Liedende Unsicherheit über das Schicksal der Fernliebenden. Dies erklärt vermutlich das Du-Triple im Titel: Je entfernter der andere, desto stärker und insistierender muss er heraufbeschworen werden.

Nicht verschweigen wollen wir, dass viele Jahre nach Melitta Berg auch die Flippers (siehe Platz 2) sich an The Teddy Bears erinnerten und 1989 ihre extrem weich gespülte Version vorlegten: *Je t'aime heißt: »Ich liebe Dich«*. Ehrlich gesagt, an Melitta Berg reicht die nicht heran.

Platz 29

Vanessa Mai

ICH STERB FÜR DICH

(Musik: Dieter Bohlen; Text: Dieter Bohlen und Oliver Lukas)

Um diese junge Frau kommen wir nicht herum. Nicht aus purer Leidenschaft für ihre Gesangsdarbietungen, von denen sich noch zeigen wird, welche davon in zwanzig, dreißig Jahren in Erinnerung bleiben werden. Doch wie auch immer: Vanessa Marija Else Mandekić wurde 1992 in Backnang geboren, im Wonnemonat Mai, der später kurzerhand als ihr Künstlername herhalten musste. Fraglos zählt sie zu den erfolgreichsten deutschen Unterhaltungsmusikerinnen.

Von einem professionellen Management angetrieben, spielt sie, wie es sich heutzutage gehört, perfekt auf der Klaviatur der sozialen Medien, ist überall präsent, promotet ihre Alben – im Frühjahr 2024 erschien in diversen physischen Ausführungen mit *Matrix* bereits ihr zehntes Studioalbum – auf allen Kanälen, verkauft die üblichen Merchandisingprodukte wie mit dem Cover verzierte Shirts und Kaffeebecher, vermarktet Fitnessprogramme, gibt große Konzerte, schauspielert und moderiert ein bisschen, tritt natürlich bei RTL in *Let's Dance* auf und ließ es sich – warum nur? – mit dreißig Jahren nicht nehmen, ihre Autobiografie auf den Markt zu bringen: unter dem gruseligen Titel *I Do It Mai Way*. Udo Jürgens zum Beispiel veröffentlichte seine erste Lebensbeichte übrigens erst mit fünfzig. Immerhin sei, so gab Mai damals zu Protokoll, die Niederschrift ihres Buches »sehr reflektierend« für sie gewesen.

Mais Karriere begann in sehr jungen Jahren bei der Band Wolkenfrei, die sie seit 2015 allein repräsentiert; gelegentlich tritt sie bis heute unter diesem Label in Erscheinung. Ihre Studienalben erreichten samt und sonders beste Chartsnotierungen; *Regenbogen* und *Schlager* schafften es sogar auf Platz 1. Tunlichst versucht Mai, zu vermeiden, dass ihre Songs einem Genre allein zugeordnet werden; mal ist es Schlager, mal Pop, und immer wieder tritt sie – auch das ein gut kalkuliertes Vermarktungskonzept – mit Interpreten aus ganz anderen Ecken der Unterhaltungsmusik auf. Gerne genommen werden dabei Rapper wie Olexesh (mit *Wir 2 immer 1*), ART (mit *Melatonin*) oder Sido (*mit Happy End*), nicht zuletzt, weil sich dadurch einem leichtgespülten Schlagersternimage entgegenwirken lässt. Interessanterweise verdankt Mai diesen Rap-Schlager-Duetten ihre besten Platzierungen in den Singlecharts.

Dorthin, auf Platz 35 nämlich gelangte Vanessa Mai auch ohne Rap-Garnierung 2016 mit *Ich sterb für dich*, einer Singleauskopplung aus ihrem Album *Für Dich*. Das

Original stammt von der Boygroup Touché, die Dieter Bohlen Mitte der 1990er-Jahre ins Leben rief und produzierte. Kein Wunder also, dass es den typischen, eingängigen Bohlen-Sound hat, und auch der von Bohlen zusammen mit Oliver Lukas verfasste Text ragt keinen Zentimeter aus dem Schlagermustopf heraus.

Das Setting ist simpel: Eine junge Frau trauert ihrem Verflossenen hinterher, ihrem »Baby«. Das Vermissen ist stark, die Trennung tut weh, natürlich weil die Zeit mit dem – warum auch immer – Gegangenen beziehungsweise Abhandengekommenen so schön war: »Die Welt steht still, wenn man das Beste verliert.«

Ganz so schlimm freilich kann es mit dem Leiden nicht sein, denn der tiefe Schmerz wird – auch auf Livekonzerten – mit großer Ausgelassenheit vorgetragen. Deshalb verstehen wir den Refrain (mit seiner grammatikalisch eigentümlichen Drehung des Konditionalsatzes) eher im übertragenen Sinn: »Und wenn ich sterb, / ich sterb für dich. / Und wenn ich wein, / ich wein für dich.« Immerhin keine geringe Bürde, die dem Nicht-Dagebliebenen aufgelastet wird: Noch in, sagen wir, fünfzig Jahren, wenn die Todunglückliche dann stirbt, wird sie für ihn sterben – was immer beide dann davon noch haben.

Eine Vokabel des Textes fällt aus dem Rahmen des Gängigen, und recht besehen erschließt sich gar nicht, wie sie dort hineingelangte, zumal kein wirklicher Reimzwang festzustellen ist: »Weißt du, das mit dir und mit mir, / das war einfach königlich.« Damit rechnet man nicht.

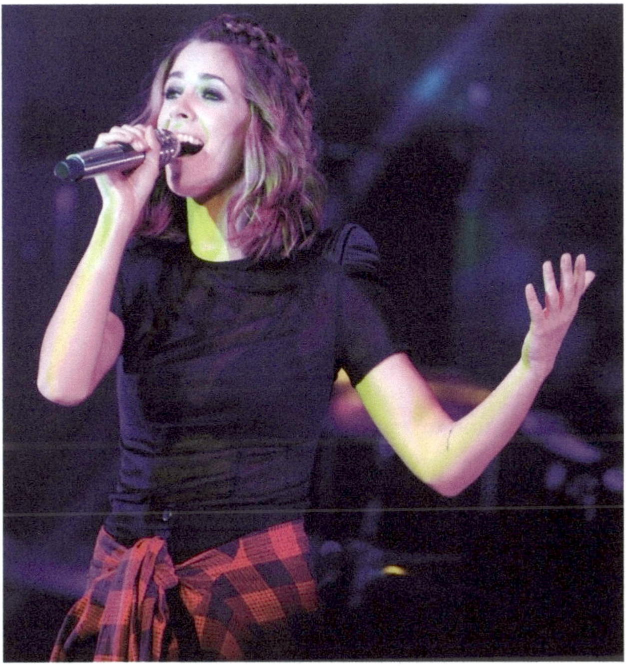

»Königlich« ist kein Adjektiv, das im Liebesdurcheinander unserer Tage häufig vorkommt. Eine Anspielung auf die Königin der Nacht aus der *Zauberflöte* werden Bohlen & Lukas kaum im Sinn gehabt haben, wie überhaupt im Schlager selten mit royalen Motiven gearbeitet wird. Ein paar Prinzessinnen und Grafen, ja, die gibt es, und spontan denke ich an Ricky Shaynes *Es wird ein Bettler zum König* oder Bernd Clüvers *Königin der Nacht*. Anderes wie der *Königsjodler* oder *König von Deutschland* haben meines Erachtens mit Vanessa Mai wenig zu tun. Über eine Beziehung zu sagen, sie sei »königlich« gewesen, das ist und bleibt eine ungewöhnliche, etwas aus der Zeit gefallene Wendung.

Ein Wort noch zum Auftreten Vanessa Mais: Das ist hoch professionell in ebenso professionelle Bühnenshows gepackt. Vor allem auf ihren Albumcovers zeigt die langhaarige Backnangerin viel Haut, gerne bauchfrei im Bustier oder BH – im Studio und auf der Bühne ist es ja oft unerträglich heiß. Garniert werden diese Inszenierungen häufig von einem schmollenden Lächeln, was im Raum Stuttgart wohl als lasziv gilt. Der Gesamteindruck bleibt, man will ja sein Stammpublikum nicht erschrecken, wie bei Helene Fischer von einer eher sterilen Erotik.

Keine Anregung in dieser Richtung scheint sich Vanessa Mai dabei offenkundig von ihrer – ja, wie sagt man, ich kenne mich da nicht aus – Schwippstiefmutter geholt zu haben. Seit 2017 ist Mai nämlich mit Andreas Ferber verheiratet, dem Sohn des Hoteliers und

Sportmanagers Uli Ferber, der wiederum der zweite Ehemann der Schlagerikone Andrea Berg (siehe Platz 8) ist, die ihrerseits lange Zeit dafür berühmt und berüchtigt war, in leicht nuttigem Outfit die Bühne zu stürmen. Das ist Vanessa Mais Sache nicht. Viel Haut ja, aber bitte anständig.

Platz 28

Manfred Morgan

ZUERST KAM DIE SONNE

(Musik und Text: Rudi Edelmann)

Wer viel Schlager hört, ist froh über jede Abwechslung. Froh, wenn man nicht immer auf die gleichen Herz-Schmerz-Vokabeln trifft, wenn nicht immer ferne Strände, rote Weine und feurige Küsse im Mondschein besungen werden. Deshalb habe ich eine Schwäche für Lieder, die das stereotype Einerlei aufbrechen und wortschatzmäßig etwas riskieren, für Lieder, in denen Luftaufsichtsbaracken, Versandhauskataloge, Sirenen, Bohnerwachs, Gardinen oder mit Migräne geschlagene Frauen vorkommen.

»Quietschen« zum Beispiel ist so ein Verb, mit dem das Publikum nicht rechnet. Es klingt ja auch nicht besonders anmutig, und was, fragt man sich, sollte es in einem Lied zu suchen haben, das von frischer Liebe erzählt? Manfred Morgan, 1948 als Rudi Edelmann in Stuttgart geboren, dort auch aufgewachsen, gelang dieses Kunststück mit seiner ersten Solosingle *Zuerst kam die Sonne*. Zuvor hatte er verschiedenen Bands angehört, auch einer, die den Kollegen Erik Silvester (*Zucker im Kaffee*) begleitete.

Zuerst kam die Sonne, von Edelmann alias Morgan selbst geschrieben, erzählt die nicht sonderlich aufregende Geschichte einer – zuerst verpassten – Bahnhofsbegegnung: »Es war schon spät am Tag, ich sah dich am Bahnhof, / du ranntest zu schnell auf den Zug«. Am nächsten Tag findet sich der junge Mann, der interessanterweise genau »elf Rosen« mit sich führt, wieder am Gleis ein, fürchtend, die Liebe auf den ersten Blick nicht wiederzusehen. Doch das Glück ist ihm hold: Das hurtige Mädchen nimmt anscheinend jeden Tag den gleichen Zug zum, sagen wir, Bosch oder Daimler, und beide erkennen – der Schlager hat selten die Zeit, eine Beziehung sich langsam entfalten zu lassen – sofort, was die Liebesstunde geschlagen hat, begleitet von bundesbahntypischen Geräuschen: »Die Eisenbahn quietschte laut, die Leute, sie rannten. / Da sah ich dich stehen ganz hinten an der Wand.«

Ansonsten quietscht wenig in diesem Lied, das flott und eingängig einherkommt, vorgetragen von einem groß gewachsenen Interpreten mit halblangem Haar, das so gepflegt war, dass meine Mutter es gerade so akzeptiert hätte. Der Refrain arbeitet mit vertrauten Motiven, die allerdings ein gewisses meteorologisches Durcheinander anrichten: »Zuerst kam die Sonne, und dann kamst du. / Die Wolken, sie lächeln von weitem uns zu«. Dass die Sonne als Zeichen erwachenden Glücks im Schlager (und so auch in diesem Buch) eine gewichtige Rolle spielt, ist leicht einsehbar; Hagel, Graupel oder Nieselregen begleiten die Liebe selten, zumindest in ihren Anfängen. Warum freilich das Mädchen der Sonne folgt und warum die vielleicht Regen verheißenden Wolken »lächeln«, bleibt diffus.

Morgan, dessen Auftreten ein wenig an Chris Roberts erinnerte und dessen Aussprache von Umlauten die schwäbische Herkunft nicht immer verleugnen konnte, kam gleich mit dieser ersten Single gut an. Im Oktober 1971 trat er in der ZDF-Hitparade auf, platzierte sich dreimal, durfte ein kurzes Gespräch mit Moderator Heck führen und wurde alsbald als »Bravo«-Poster vermarktet. *Zuerst kam die Sonne* erreichte immerhin Platz 23 der Charts; eine vielversprechende Schlagerkarriere schien sich anzubahnen. Es kam jedoch anders: Die Nachfolgesongs *Mach doch ein liebes Gesicht* und *Dich hat der Himmel geschickt* blieben trotz TV-Präsenz hinter den Erwartungen zurück, mussten sich mit hinteren Rängen zufriedengeben. 1975 war Morgans Karriere vorbei, obwohl er bei seiner letzten Veröffentlichung, dem freundlichen *Es liegt an Dir*, Unterstützung des arrivierten Jean Frankfurter bekam.

Zum Glück war Manfred Morgan nie eingleisig gefahren. Nachdem er ein Studium an der Pädagogischen Hochschule Ludwigsburg abgeschlossen hatte, wurde der einstige »Teenietraum« (*Stuttgarter Zeitung*) Grundschullehrer in Freudental, bis zu seiner Frühpensionierung. Ob er schon Erstklässler mit *Zuerst kam die Sonne* konfrontierte, ist nicht überliefert. Kleinere nebenberufliche Ausflüge in die Musikszene fanden keine breite Beachtung. 2015 starb Morgan in Sachsenheim.

Platz 27

Joana

WO IST DER SCHNEE VOM VERGANGENEN JAHR

(Musik und Text: Ulrich Roski)

Im Jahr 1980 veröffentlichte der lange Zeit in Stuttgart lehrende österreichische Literaturwissenschaftler Thomas Rothschild sein Buch *Liedermacher*, in dem er – von unbeirrbarer linker Gesinnung geleitet – die in den 1960er-Jahren einsetzende Strömung der deutschsprachigen Sänger-Poeten würdigte. Dreiundzwanzig kleine Essays widmete er den aufrechten Franz Josef Degenhardt und Dieter Süverkrüp, den österreichischen Besonderheiten Wolfgang Ambros und Georg Danzer, dem gefeierten »rising star« Konstantin Wecker oder dem kurz zuvor in den Westen gekommenen Wolf Biermann, der an der Verbreitung des Terminus »Liedermacher« großen Anteil hatte.

Skurrilerweise war ausgerechnet für den populärsten Liedermacher, für den, so Rothschild, Vertreter des »neokonservativen Lieds« Reinhard Mey, kein Platz in diesem Buch – ebenso wenig wie für Liedermacherinnen, was aber nicht an Rothschilds Wahrnehmung, sondern an ihrer mangelnden Präsenz in der Szene lag. Eine jedoch fand sich, die 1944 im Schwarzwald, in (Titisee-) Neustadt, geborene und in Mannheim aufgewachsene Johanna Emetz, die – aus der Folklore-Ecke kommend – unter ihrem Künstlernamen Joana die Bühne betrat.

Ihr Markenzeichen sei Rothschild zufolge ihre »besonders tiefe, angenehme, manchmal schmeichelnd warme, manchmal neckisch ironische Stimme«. Das Repertoire der frankophilen, ausgebildeten Lehrerin (Zweites Staatsexamen!) war und ist groß. Große Verkaufsrenner hat Joana – das ist im Liedermachermetier selten der Fall – nicht vorgelegt, aber doch eine Reihe origineller Chansons, die auch beim Wiederhören angenehm im Ohr klingen.

Ich denke zum Beispiel an das metapoetische *Reimen muss sich's auch*, das vom dichterischen Alltag und von den Schwierigkeiten erzählt, Lieder auf Teufel komm raus mit Reimen zu bestücken: »Dann setz' ich Verse und Refrain, / so ist es nun mal Brauch, / schreibe Schiller unter Killer, / denn reimen muss sich's auch« Schön auch das ebenfalls von ihr geschriebene *Und mir dir wollt' ich mal nach Gretna Green*. Es erzählt vom Wiedersehen zweier Menschen, die einst in jugendlicher Liebe miteinander verbunden waren. Doch leider muss die Frau erkennen, dass aus dem unorthodoxen, selbstbewussten Mann ein »Nachwuchsspießer mit Sportcoupékultur« geworden ist. Umso bitterer, da man einst die Absicht hatte, heimlich zu heiraten, in Gretna Green, und umso schöner, dass dieser Kelch an ihr vorüberging.

Für die jüngeren Leserinnen und Leser sei angemerkt, dass das schottische Dorf Gretna Green viele Jahrzehnte lang ein Ort mit magischer Anziehungskraft für nicht nur minderjährige englische Paare war, weil man dort, in einer Schmiede, den ehelichen Segen ohne Einwilligung der Erziehungsberechtigten erhielt.

Außenminister und Grünen-Politiker Joschka Fischer schloss da seine erste von zahlreichen Ehen. In Jane Austens *Stolz und Vorurteil* und in Theodor Fontanes *Frau Jenny Treibel* spielt Gretna Green als Sehnsuchtsort ebenfalls eine Rolle.

Aus naheliegenden Gründen hege ich bis heute überdies Sympathien für Joanas *Keiner war so wie Rainer*, das mit den überzeugenden Versen einsetzt: »Ich hoffte lang in meinen Träumen, / vielleicht kommt mal einer, / hinter dem etwas steckt. / Und dann traf ich Rainer, / der war einfach perfekt!« Dass das Lied nicht so erfreulich endet, wie es beginnt, will ich nur am Rande erwähnen: Der gefeierte Rainer erweist sich als »zu perfekt« und damit letztlich als untauglich, um mit ihm vors Mannheimer Standesamt zu treten.

Genug der Abschweifungen. Mein Joana-Hit Nummer 1 heißt *Wo ist der Schnee vom vergangenen Jahr* (1972), geschrieben von ihrem grandiosen Kollegen Ulrich Roski, der selbst mit sehr komischen Songs wie *Des Pudels Kern* oder *Lonesome Rider* Liedermachergeschichte schrieb. Das wortmächtige Lied entlarvt eine wohlfeile »Früher war alles besser«-Haltung, zeigt, dass Nostalgie auch regressive Züge an sich haben kann, und lässt zu Anfang eine ehemalige Gutsherrin, die inzwischen »am Stadtrand zur Miete« wohnen muss, verbittert räsonieren: »Früher, da waren die Sommer noch heiß, / Früher war's häufig im Herbst auch noch schwül. / Früher, da gab's ohne Fleiß keinen Preis. / Früher hatte jeder vor Augen sein Ziel. / Das Dienstpersonal hat gekuscht und pariert. / Ein Lehrling hat gelernt, ein Student hat studiert.«

Ein charmant aufmüpfiger Achtundsechziger-Geist spricht aus diesen Versen, die freilich beim Sichannähern an den Refrain einen noch charmanteren Ausflug in die französische Literaturgeschichte des 15. Jahrhunderts unternehmen (man beachte den sehr gelungenen Reim!): »Nachdenklich lutscht sie an einem Bonbon / und denkt an die Worte des Dichters Villon«.

Reminiszenzen an den Balladendichter François Villon begegnet man im populären Liedgut nicht häufig, eigentlich gar nicht. Schön also, dass Joana & Roski dieses Wagnis eingehen und sich unmittelbar auf Villons *Ballade des dames du temps jadis* beziehen: »Où sont les neiges d'antan? / Wo ist der Schnee vom vergangenen Jahr? / Où sont les neiges d'antan? / Où sont les neiges, les neiges d'antan?«

Dass heute im Mannheimer Raum selten mit Schneefällen zu rechnen ist, war damals, 1972, noch nicht zu erahnen. Gäbe es solchen, müsste man wie in Joanas Lied damit rechnen, dass hartgesottene Nostalgikerinnen, die den Untergang des Abendlands überall erkennen, auch damit nicht zufrieden wären: »Und käme der Vorjahrsschnee auch wieder her, / so wär' er doch wie früher nicht mehr.«

Joana, so scheint es, gehört nicht zu denjenigen, die der verflossenen Jugend nachtrauern. Sie steht nach einem halben Jahrhundert immer noch auf der Bühne, hat – zum Beispiel – Revolutionslieder von 1848/49 aufgenommen und singt zudem in Kurpfälzer Mundart. Sie lebt in Bad Schönborn am Rande der Kraichgauhügel, wo im Winter viel mehr Regen als Schnee fällt und es ganz unmetaphorisch Grund genug gäbe, dem »neige d'antan« nachzutrauern.

Platz 26

Die Fantastischen Vier

DIE DA!?!

(Musik und Text: Andreas Rieke, J. Cale, Michael Beck, Michael Schmidt und Thomas Dürr)

Fanta 4, dahinter verbirgt sich, wie jeder weiß, der musikalisch nicht nur mit Bach und Mozart sozialisiert wurde, keine Sonderedition einer beliebten Limonadenmarke. Fanta 4 ist die Abkürzung der Hip-Hop-Formation Die Fantastischen Vier, die Anfang der 1990er-Jahre die deutsche Musikszene in Wallung brachten und Hip-Hop plötzlich über seine angestammte Klientel hinaus bekannt machten. Die bis heute hoch aktive und hoch präsente Band besteht seit ihren Anfängen aus Michael Bernd Schmidt alias Smudo, Thomas Dürr alias Hausmeister Thomas D, Michael Beck alias Michi Beck und dem gleichzeitig als Produzent fungierenden Andreas Rieke alias And.Ypsilon,

Stuttgarterischer als Fanta 4 kann man sich keine Musikgruppe vorstellen, denn bis auf Smudo kommen alle Mitglieder aus Stuttgart, und auch Ersterer, in Offenbach geboren, versuchte sein Geburtsmanko dadurch auszugleichen, dass er früh mit seinen Eltern nach Gerlingen zog, also nur fünfzehn Kilometer vom Stuttgarter Zentrum entfernt, und dort das Abitur ablegte. Der Schwabenformation ist es zu verdanken, dass Hip-Hop und Rap plötzlich weite Beachtung bekamen, vor allem durch *die da!?!* aus dem Jahr 1992, das sensationellerweise in der Schweiz und in Österreich die Spitze der Charts eroberte und in Deutschland auf Platz 2 landete.

Von diesem »deutsche Sprechgesang« lässt sich durchaus eine Brücke zur Neuen Deutschen Welle schlagen, die gut zehn Jahre zuvor den klassischen deutschen Schlager in die Enge trieb. Musikalisch komplex gebaut, besteht *die da!?!* aus einem stark auf Endreimen basierten Dialog zwischen Smudo und Thomas D. und hat mit den üblichen Hip-Hop-Inhalten wenig zu tun. Es erzählt, offenbar auf einer »wahren Begebenheit« fußend, die Geschichte zweier junger Männer, die sich im siebten Himmel wähnen, da sie beide gerade einer attraktiven Frau begegnet sind. Da Liebe bekanntlich blind macht, realisierten die nicht mit üppigen finanziellen Mitteln ausgestatteten Jungs anfangs nicht, dass die Angebetete sich gern einladen lässt und nichts dagegen hat, mit neuer Kleidung versorgt zu werden. Freitags ist die junge Frau merkwürdigerweise stets verhindert, was am Songende seine Aufklärung findet: An diesem Tag – das merken beide, als sie »die da« am Discoeingang identifizieren – ist sie in Begleitung eines dritten Mannes, der wohl für den Schuh- oder Schmuckeinkauf zuständig ist:

»Und ich hab frei am Freitag, und sie ist nicht da / *Äh, Moment mal, Smudo, da ist meine ja* / Wo? *Es ist die da, die da am Eingang steht* / Was? Das ist die da, um die es sich doch bei mir dreht / *Was? Die da? Und wer ist dieser Mann?* / Ich glaub, das ist der Grund, warum sie freitags nicht kann.«

Über 750 000mal verkaufte sich *die da!?!*, und es kam, wie es kommen muss, wenn Vertreter einer Musikrichtung, die sich bewusst vom Mainstream absetzen will, einen kommerziellen Burner feiern: Der Underground und die Subkulturen witterten Verrat, zumal *die da!?!* mit der hochgeschätzten Gesellschaftskritik wenig im Sinn hat. Oder mit den Worten des *Songlexikon. Encyclopedia of Songs*: »Werden die dort vorherrschenden Konventionen gebrochen und führt dieser Vorgang zum Erfolg, ist mit szeneninterner Ablehnung zu rechnen.« 2022 findet sich *die da!?!* auf dem Re-Recording Album *The Liechtenstein Tapes*, dreißig Jahre später.

Die Fantastischen Vier ließen sich davon wenig beeindrucken und setzten ihre staunenswerte Karriere fort. Sie etablierten sich in den Charts und kamen 2018 Seite an Seite mit Clueso noch einmal auf den zweiten Platz, mit: *Zusammen*, dem offiziellen ARD-Song zur deutschen Fußballweltmeisterschaft. Dass Deutschland dabei kläglich scheiterte, sollte dem Song nicht vorgeworfen werden. Ach ja, auch das noch: Zu einer urschwäbischen Liaison, von der die alten Szenerapper hoffentlich nichts mitbekommen haben, kam es 2022, als Fanta 4 Werbepartner der Firma Bosch wurden. In der offiziellen Bosch-Verlautbarung hieß es: »Bosch setzt seine erfolgreiche Markenkampagne #LikeABosch mit den Pionieren des ›Deutsch-Hip-Hops‹ fort: Die Fantastischen Vier produzieren den Kampagnensong neu, mit selbst verfassten Lyrics, und fungieren als Hauptdarsteller in den neuen Werbespots. Ins Zentrum der Neuauflage rückt Bosch Konsumgüter für ein entspanntes, komfortables und nachhaltiges Leben. Unter dem Claim ›Lebe fantastisch #LikeABosch‹ präsentieren dafür die Bosch-Geschäftsbereiche Hausgeräte, Power Tools, Smart Home und Thermotechnik ihre Produkte für den ›täglichen Bedarf‹ erstmals gemeinsam unter einem Dach.« Hip-Hop und Kühlschränke passieren offenbar irgendwie zusammen.

Platz 25

Hoffmann & Hoffmann

HIMBEEREIS ZUM FRÜHSTÜCK

(Musik: Jerry Carreaga; Text: Bernd Meinunger)

Ohne Coverversionen wäre die deutsche Schlagergeschichte deutlich ärmer. Sich an ausländische Hits anzuhängen und ihnen ein deutsches Textkleid überzustreifen gehört seit jeher zum Alltag im Musikgeschäft. Ob Connie Francis' *Die Liebe ist ein seltsames Spiel*, Manuelas *Schuld war nur der Bossa Nova*, Michael Holms *Mendocino* oder Howard Carpendales *Tür an Tür mit Alice* – sie alle und viele, viele mehr bedienen sich der Melodien aus der Fremde, keineswegs nur aus dem angloamerikanischen Raum.

Auch die aus Florida stammenden Bellamy Brothers lieferten mit zwei ihrer vom Countrysound angehauchten Songs Steilvorlagen für deutsche Versionen, die niemand missen möchte. *Let Your Love Flow* wurde 1976 zu dem zu Sexualität im Freien aufrufenden *Ein Bett im Kornfeld*, ohne das Jürgen Drews keines seiner Konzerte hätte bestreiten dürfen. Keiner der Nachfolgesongs der Bellamy Brothers reichte an diesen Blockbuster heran, auch nicht *Crossfire* aus dem Jahr 1977, das in den USA keine Chartsnotierung erreichte. Anders als die deutsche Coverversion aus demselben Jahr, für die Bernd Meinunger einen originellen, mit dem Original nur in sehr loser Verbindung stehenden Text schrieb.

Himbeereis zum Frühstück wurde zum ersten Hit des vom Erfolgsduo Simon & Garfunkel inspirierten Karlsruher Brüderpaars Michael und Günther Hoffmann. Es kletterte auf Platz 14 der Charts und machte Hoffmann & Hoffmann über Nacht bekannt. Mit zeittypischem Langhaar und Schnauzbart ausgestattet, traten sie in der ZDF-Hitparade und in Ilja Richters *Disco* auf, und ihre muntere Performance täuschte darüber hinweg, dass sie eigentlich von unerhörten Dingen sangen, von einer sehr leichtfertigen Frau und einem skrupellosen jungen Mann, der seinen Freund aufs Schändlichste hintergeht: »Du, ich seh' dich noch wie heut'. / Du trugst ein Hochzeitskleid / und bald schon solltest du seine Frau sein. / Ich wollt' dich aus Spaß entführen / und ich brachte dich zu mir. / Es war ein Spiel, / doch dann bliebst du hier.«

Aus einer harmlosen Brautentführung, aus dem »Spiel«, wird bitterer Ernst, denn die Frau im Hochzeitskleid orientiert sich – wieder einmal bleibt im Schlager wenig Zeit – blitzschnell um und bleibt in der Wohnung des Entführers. Was aus dem gehörnten Ex-Ehemann wurde, interessiert niemanden mehr; stattdessen lebt das neue Paar seine »hoffnungslos verrückte« Liebe aus und begibt sich auf eine »Berg-und Tal-Fahrt« der Gefühle. Um das

Irrationale des raschen Partnerwechsels zu unterstreichen, tun die beiden Dinge, die man nicht alle Tage tut: Man tanzt »Rock 'n' Roll im Fahrstuhl« (zum Glück fährt man nicht Paternoster), und anstatt den Tag anständig mit einer Butterbrezel oder Seitenbacher-Müsli zu beginnen, verzehrt man ungewöhnlicherweise kaltes Himbeereis zum Frühstück.

Was aus den Frischverliebten wurde, bleibt in einem merkwürdigen Dunkel. Denn was sollen uns die Verse »Auch wenn ich dich nicht halten kann, / zieh das Kleid noch einmal an« sagen? Ist die Sprunghafte womöglich zum einst für sie vorgesehenen Ehemann zurückgekehrt? Wir wissen es nicht; Texter Bernd Meinunger wohl auch nicht.

Immerhin hat dieser das Schlagerrepertoire in puncto Nahrungsmittel bereichert. Denn gegessen wird im Schlager eher selten; Hanne Hallers *Bratkartoffeln mit Spiegelei* oder Udo Jürgens' *Aber bitte mit Sahne* gelten eher als Ausnahmen. Das Himbeereis ist so ein schöner, erfrischender Farbtupfer.

Hoffmann & Hoffmann blieben kein One-Hit-Wonder. Auch *Alles, was ich brauche, bist du* (1979) kam gut an, und vier Jahre später schlug die größte Stunde im Leben der singenden Brüder. Für Deutschland traten sie beim Eurovision Song Contest in München an – keine geringe Bürde, denn sie folgten auf Nicole, die 1982 in Harrogate mit *Ein bisschen Frieden* Deutschland erstmals den Sieg bescherte hatte.

Hoffmann & Hoffmann schlugen sich äußerst tapfer. Ihr *Rücksicht* (Musik: Michael Reinecke; Text: Volker Lechtenbrink) erreichte einen mehr als respektablen achten Platz, der sich anschließend auch in kommerziellem Erfolg niederschlug.

Das Lied beklagt die verlorene Liebe zweier »verwöhnter Kinder«, die im täglichen Umgang die Sekundärtugenden Rücksicht, Nachsicht und Einsicht nicht gebührend würdigten und nun vor einem Scherbenhaufen stehen. Nicoles Frieden im Großen, die Rücksicht von Hoffmann & Hoffmann im Kleinen – damals war der Glaube an eine sich positiv entwickelnde Welt größer als heute.

Die Geschichte von Hoffmann & Hoffmann, einem der wenigen männlichen Gesangsduos in Deutschland, endete kurz darauf tragisch. Im März 1984 nahm sich Günther Hoffmann in Rio de Janeiro das Leben. Sein Bruder Michael bemühte sich danach um eine Solokarriere und trat 1987 noch einmal beim ESC-Vorentscheid an, ohne Erfolg. Später wandte er sich spiritueller Musik zu, was uns nicht weiter beschäftigen muss.

Himbeereis – das zum Schluss – tut sich übrigens auf dem deutschen Eismarkt seit Langem schwer. Während sich Vanille und Schokolade ungebrochener Beliebtheit erfreuen, hat das Himbeereis, nicht zuletzt wegen ständig neu erfundener Eiskreationen, zu kämpfen, um unter die TOP 10 zu gelangen. 2022 immerhin gelang das gerade mal so. Eisdielen in Deutschland öffnen meistens erst gegen Mittag, sodass ein Himbeereisverzehr zum Frühstück, wenn man seinen Gefrierschrank nicht entsprechend bestückt hat, ein seltenes Vergnügen ist.

Platz 24

Tommy Steiner
DIE FISCHER VON SAN JUAN
(Musik: Tex Shultzieg; Text: Kurt Feltz)

Schon in den 1930er-Jahren begann die Karriere des Krefelder Schlagertexters Kurt Feltz, und nach dem Zweiten Weltkrieg avancierte der geschickte Strippenzieher binnen kurzer Zeit zu einem der umtriebigsten, erfolgreichsten Vertreter seines Metiers. Feltz schrieb Hits in Serie, für Caterina Valente, Vico Torriani oder Peter Alexander. Nummer-1-Platzierungen erreichte er zuhauf, zum Beispiel mit *Wo meine Sonne scheint*, *Cindy oh Cindy*, *Heißer Sand*, *Pigalle* oder *Barcarole in der Nacht*. Und selbst als Zweiundsiebzigjähriger in seinem Todesjahr 1982 gelang es ihm noch einmal, die Konkurrenz hinter sich zu lassen, mit dem von Andy Borg gesungenen *Adios Amor*.

Feltz brillierte vor allem dann, wenn es – typisch für die Nachrkriegszeit – darum ging, Sehnsucht und Fernweh der Deutschen zu bedienen. Caterina Valentes *Komm ein bisschen mit nach Italien* (1955) wurde zum unmissverständlichen Appell, den Adria-Tourismus anzukurbeln.

Auf zu konkrete Details musste man dabei keinen großen Wert legen. Den idyllischen Ort etwa, den René Carol in *Im Hafen von Adano* besang, gab es gar nicht, aber wer wollte sich daran stören. Noch post mortem gelang Kurt Feltz 1983 eine Chartsplatzierung, mit *Die Fischer von San Juan.* Um der schmelzend-schnulzigen Melodie von Hans Schulz alias Tex Shultzieg etwas Passendes an die Seite zu stellen, hatte Feltz wieder einmal im Diercke-Weltatlas geblättert und ein klangvolles San Juan ausgemacht. Städte mit diesem Namen gibt es einige, und auch nach wiederholtem Hören des Fischer-Lieds wissen wir nicht, ob wir uns in Argentinien, auf Puerto Rico oder Trinidad und Tobago befinden.

Fest steht, dass die beiden rivalisierenden ledigen Fischer Pierro und Fernand heißen und mit ihrem Boot zu einem Inselfest aufbrechen. Dieses möchte eine Ortsfremde, womöglich eine (amerikanische?) Touristin namens Su, besuchen, was zu einer besonders aparten Zeile führt: »Das Mädchen, das kommt, heißt Su, / sie sagt allen beiden zu.« Beide entbrennen in Liebe zu ihr; die kluge Angebetete bleibt unentschlossen und überlässt den Konkurrenten die Entscheidung: »Ich hab euch beide gern, mir ist's egal.« Man sieht, bei der Partnerwahl ist es nicht immer erforderlich, sich nächtelang den Kopf zu zerbrechen. Am besten, man nimmt, was man bekommt; »egal« ist es ohnehin.

Der Spannungsbogen steigt folglich ins Unermessliche, doch Kurt Feltz greift zu einer verblüffenden

Lösung: Wind kommt auf, und das Boot mit den beiden Männern gelangt nie an sein Ziel, sodass Su das rauschende Inselfest ohne Begleitung besuchen muss. Ja, vielleicht war sie sogar mit an Bord und ist wie Pierro und Fernand in die ewigen Meeresgründe eingegangen.

Andy Borg hat *Die Fischer von San Juan* aufgenommen, doch zum letzten Kurt-Feltz-Hit (Platz 13 der Charts) wurde es in der Version des 1962 in Aalen geborenen und aufgewachsenen Karl-Heinz Steiner, dessen Produzenten sich klugerweise dafür entschieden, den wenig karrieregeeigneten Vornamen Karl-Heinz durch ein unverbindliches »Tommy« zu ersetzen. YouTube-Aufnahmen zeigen einen sehr jungen, adretten, gut frisierten Mann im gelbbraunen Pullover, der die Tragik des von ihm gesungenen Liedes auf die leichte Schulter zu nehmen scheint. Wo das Unglück bringende San Juan wirklich liegt, beschäftigt ihn auch nicht weiter.

Die Fischer von San Juan blieb Steiners größter Hit. Es greift alte Motive aus der Fernwehkiste, die Kurt Feltz in- und auswendig kannte, auf. Dass man auch dreißig Jahre nach Rudi Schuricke und René Carol damit noch einen Hit landen konnte, verwundert im Nachhinein. Vielleicht lag es daran, dass die Deutschen seit den legendären *Capri-Fischern* (1946) eine merkwürdige Liebe zu dieser Berufsgruppe entwickelten. Auch in Zeiten der industriellen Hochseefischerei versetzte man sich gern in die Vergangenheit zurück und sah beschaulichen Fischern bei ihrem Tagewerk zu.

Tommy Steiner sang noch viele, viele Jahre. Mit *Das Märchen von Rhodos* und *Das ewige Feuer* hatte er zwei weitere respektable Erfolge, die indes keinen Evergreenstatus erlangten. Er agierte zudem als Schauspieler in TV-Filmen und blieb der Schlagerbranche als Komponist und Produzent erhalten.

Platz 23

Dieter Thomas Kuhn

EINE NEUE LIEBE IST WIE EIN NEUES LEBEN

(Musik: Jack White; Text: Fred Jay)

Ja, ja, ich weiß, ich weiß … Natürlich war es der blond gelockte Jürgen Marcus aus Herne, der im Olympiajahr 1972 *Eine neue Liebe ist wie ein neues Leben*, dieses Aufbaulied für jede liebesenttäuschte Seele, zu (s)einem großen Hit machte und es damit bis auf Platz 2 der Charts schaffte. Den Text schrieb der österreichische Jude Fred Jay, dessen abenteuerliche Lebensgeschichte 2022 in einem Feature des Deutschlandfunks festgehalten wurde. Jay begann erst als Mittfünfziger, Schlagertexte zu schreiben, doch mit *Eine neue Liebe ist wie ein neues Leben*, Katja Ebsteins *Diese Welt*, Christian Anders' *Es fährt ein Zug nach nirgendwo* oder Howard Carpendales *Deine Spuren im Sand* gelangen ihm Meilensteine. Die Musik zu Marcus' Hit, das dürfen wir nicht verschweigen, schrieb Jack White, der mit seinen stampfseligen und stumpfsinnigen Rhythmen zu einer der großen Geißeln des Schlagers in jener Zeit wurde.

Dieter Thomas Kuhn hat in den 1990er-Jahren Jürgen Marcus indirekt zu einem Comeback verholfen. Obwohl Kuhn mit eigenen Songs nicht auffällig wurde, darf er natürlich in diesem Buch nicht fehlen. Der 1962 in Tübingen geborene Kuhn ließ sich zum Masseur, medizinischen Bademeister und Fußpfleger ausbilden, ehe er mit seiner Band durchstartete und zusammen mit seinem Kombattanten, dem Sozialpädagogen Guildo Horn, maßgeblichen Anteil am Revival des deutschen Schlagers hatte. Dieser lag seit den frühen Achtzigern darnieder, schien vom angloamerikanischen Pop endgültig in eine Nischenrolle gezwängt oder von der im Fernsehen gut präsenten Volksmusik geschluckt zu werden.

Kuhn und Horn taten erst einmal nichts anderes, als die Gassenhauer der Sechziger und Siebziger nachzusingen, und schafften es, Menschen, die zu jung waren, um Michael Holm oder Chris Roberts in deren Hochzeit selbst im Fernsehen erlebt zu haben, für dieses oft geschmähte Genre zu begeistern.

Dieter Thomas Kuhn – der Vorname Dieter wurde aus leicht nachvollziehbaren Gründen nachträglich hinzugenommen – machte sich über Schlager nicht lustig und überzog sie nicht mit intellektuellem Hohn. Er ironisierte sie, ja, gewiss, doch an seiner Begeisterung für die Gutelaunemusik seiner Jugend ließ er keinen Zweifel. Kuhns Outfit – mit Glitzeranzug, blonder Föhnwelle, Brusthaartoupet und Schlaghose – übertrieb bewusst die Kleidervorschriften der Branche und forderte zur

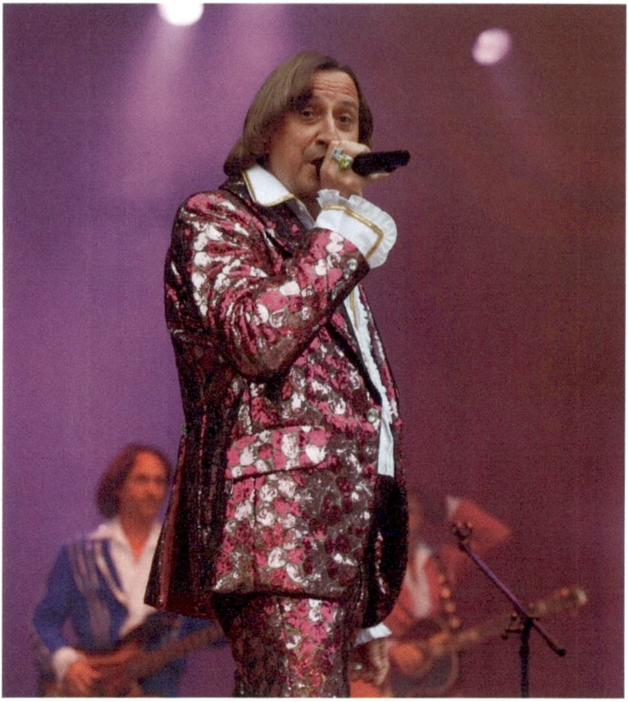

Nachahmung auf, nicht nur auf dem Hamburger Schlagermove. Wer auf Partys Schlager aus dem Hause Kuhn auflegte, durfte sicher sein, nicht sozial geächtet zu werden.

Der »singende Glücklichmacher« *(Berliner Morgenpost)* Kuhn lud zu einer unbeschwerten Zeitreise ein, und manchen Oldies verhalf er, wenn er mit Inbrunst *Wunder gibt es immer wieder, Und es wird Sommer* oder *Fremde oder Freunde* intonierte, zu einem erstaunlichen Comeback. Selbst die Altvorderen, die Kuhn und Horn anfänglich mit Skepsis gegenüberstanden, mussten das schweren Herzens anerkennen. Ja, und dass Reinhard Meys *Über den Wolken*, das zu Anfang in die Liedermachertruhe zu gehören schien, nach und nach als Schlager behandelt wurde, ist nicht zuletzt Dieter Thomas Kuhn zu verdanken.

Kuhns Alben gelangten regelmäßig in die Charts, *Wer Liebe sucht* sogar auf Platz 2. Und einmal kam er mit einer Singlecoverversion in die offizielle Hitparade, wenn auch nur auf deren Sperrsitze, mit *Sag mir quando, sag mir wann*, ein charmantes, ursprünglich von Caterina Valente gesungenes Lied, das wiederum das italienische Original *Quando, quando, quando* von Tony Renis eingedeutscht hatte.

1999 gab Dieter Thomas Kuhn seinen Abschied von der Bühne bekannt, doch wie das so ist mit den Abschieden: Lange hielt sich der immer noch in Tübingen lebende Bühnengigolo nicht an das, was er gestern gesagt hatte. Er kehrte bald zurück, und so war er auch 2024 mit seiner Band allenthalben zu hören, von Hannover bis Freiburg. Das Programm hieß *Das Festival der Liebe*, Jürgen Marcus ließ erneut grüßen.

Und ja, eins noch: Welcher Sänger darf für sich reklamieren, von einem Stadtmuseum mit einer Ausstellung bedacht worden zu sein? Dieter Thomas auf jeden Fall: Seine Heimatstadt widmete ihm 2000 eine solche, *Danke, Föhn* betitelt. Auch mit »gesungenen Zärtlichkeiten« kann man Teil der Museumskultur werden.

Platz 22

Xavier Naidoo
DIESER WEG
(Musik: Philippe van Eecke; Text: Xavier Naidoo)

Im November 2015 hatte der ESC-Experte und Schlagerkenner Jan Feddersen Grund zum Jubel und konnte seiner Begeisterung kaum noch Herr werden. Anlass dafür war eine Pressemeldung des Norddeutschen Rundfunks, dem, wenn es um Deutschlands Beitrag zum ESC geht, seit Langem federführenden und fast immer glücklos agierenden ARD-Sender. Diesmal freilich schien den Hamburger Verantwortlichen ein Coup gelungen zu sein, den Feddersen so kommentierte: »Das ist die beste Nachricht, im Hinblick auf die deutsche Präsenz beim ESC, die es geben kann: Xavier Naidoo wird Deutschland am 14. Mai 2016 in Stockholm beim ESC vertreten.«

Wie wir wissen, wurde diese Euphorie rasch ausgebremst. Heftige Proteste kamen auf; die Presse begehrte auf, die sozialen Netzwerke sowieso, NDR-Mitarbeiter schrieben einen kritischen Brief, und der NDR tat, was öffentlich-rechtliche Sender gerne mal tun, sobald sie Angst vor Gegenwind oder gar Shitstorms bekommen:

Er gab klein bei, und bereits zwei Tage nach der entzückten Pressemeldung zu Naidoo wurde die Entscheidung zurückgenommen. Stattdessen trat ein halbes Jahr später für Deutschland eine Sängerin namens Jamee-Lee an, mit der ich rein gar nichts mehr verbinde. Ihr Lied *Ghost* erreichte im Finale den sechsundzwanzigsten, also letzten Platz.

Gegen den 1971 in Mannheim geborenen Xavier Kurt Naidoo, 1995 Mitbegründer der Band Söhne Mannheims, lässt sich vieles sagen, keine Frage. Seine Songs und vor allem seine auf allen möglichen Kanälen geäußerten und verbreiteten Meinungen zu gesellschaftspolitischen Fragen sind oft von törichter Einfalt, angefüllt mit Vorurteilen, falschen Behauptungen und diskriminierenden Rundumschlägen. Wer seinen offenkundig von seinen Gegnern verfassten Wikipedia-Eintrag liest, der Naidoos Fehlgriffe mit großer Akribie auflistet, versteht, warum Naidoo für viele zur Unperson schlechthin geworden ist. Selbst sein wachsweiches Entschuldigungsvideo vom April 2022 änderte daran nichts Grundsätzliches.

Auch wenn sich selten ein deutscher Sänger intellektuell derart bloßgestellt hat, lassen sich seine musikalischen Verdienste und Erfolge nicht leugnen. Seine Alben eroberten seit 1998 regelmäßig Spitzenpositionen; dem standen Singles wie *Wo willst du hin* oder *Ich kenne nichts* in nichts nach. 2006 erreichte Naidoo eine Popularität, die weit über seine Stammklientel hinausging.

Der Song *Dieser Weg*, bereits im November 2005 veröffentlicht, war als eine Art Lebensratgeber für Naidoos Patensohn gedacht. Monate später gelangte er auf wundersame Weise in die Umkleidekabine der deutschen Fußballnationalmannschaft, als nicht mehr wegzudenkender Teil des »Sommermärchens«, das während der Weltmeisterschaft 2006 in Deutschland eine halbe Nation in Taumel versetzte und andere Nationen dazu brachte, sich auf einmal mit Sympathie einem weltoffenen, fröhlichen Deutschland zuzuwenden.

Auslöser war Nationalspieler Gerald Asamoah, der als Kabinen-DJ fungierte und die Stimmung vor dem Spiel mit *Dieser Weg* aufheizte. Die Begeisterung schwappte auf die Fanmeilen über; plötzlich war Naidoo in aller Munde, sodass dieser gleich nach der WM mit *Danke* nachlegte, einer Art Resümee der deutschen WM-Spiele. (Dass Andreas Gabalier und Heino *Dieser Weg* coverten, wollen wir nicht weiter beachten.)

Das Lied selbst hat mit Fußball sogar bei großzügiger Interpretation nichts zu tun. Es erzählt vom Heimweg eines Ichs, das offenkundig versucht, Klarheit über sich selbst zu gewinnen, und auf unterschiedliche Erfahrungen zurückblickt: »Manche treten dich, manche lieben dich. / Manche geben sich für dich auf. / Manche segnen dich, setz dein Segel nicht, / wenn der Wind das Meer aufbraust.« Sehr konkret wird das nicht. Wie häufig bei deutschen Songwritern, die sich von der Plumpheit des Schlagers absetzen und bedeutungsschwanger wirken

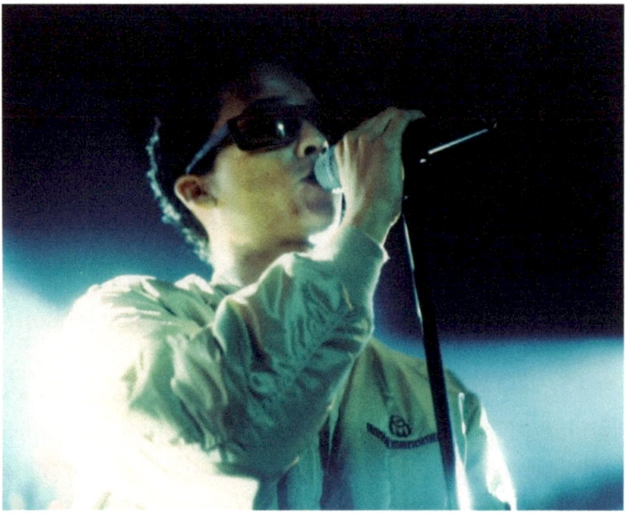

wollen, legt sich eine Art Verdunklungsnebel über die Liedzeilen, der den Zuhörern suggeriert, etwas Wichtiges, ja Philosophisches gehört zu haben.

Der Refrain schließlich formuliert die einfache Botschaft »Das Leben ist hart, aber auch schön« auf Naidoo'sche Weise um: »Dieser Weg wird kein leichter sein. / Dieser Weg wird steinig und schwer. / Nicht mit vielen wirst du dir einig sein, / doch dieses Leben bietet so viel mehr.« Dahinter verbirgt sich der Appell, nicht auf andere zu hören und an sich selbst zu glauben. In der Theorie wird dem kaum jemand widersprechen.

Leicht ist zu erkennen, warum Asamoah, Podolski, Schweinsteiger und Ballack mit diesem Song etwas anzufangen wussten. Auch bei einem WM-Turnier ist der Weg kein leichter, ist der Weg steinig und schwer, bis man endlich die unliebsamen schwedischen und argentinischen Gegner ausgeschaltet hat. Mitunter jedoch ist der Weg, den man unerschrocken gehen will, zu steinig und zu schwer, etwa, wenn der Halbfinalgegner Italien heißt und man gegen den nach Verlängerung verliert. Oder in den Worten Marianne Rosenbergs: »Jeder Weg hat mal ein Ende, jedes Glas bricht mal entzwei.«

Immerhin, das haben die begeisterten jugendlichen Fans von Klinsmann & Löw damals gelernt: Es zählt nicht nur der Sieg; es gibt auch schöne Märchen ohne riesiges Happy End, ohne WM-Titel, denn »dieses Leben bietet so viel mehr«.

Platz 21

Geschwister Hofmann
DIE INSEL ROMANTICA
(Musik: Jean Frankfurter; Text: Irma Holder)

Ohne Inseln ist der deutsche Schlager kaum vorstellbar, und es braucht keineswegs immer das maritime Setting des aufbrechenden Seemanns, um Inseln als Traum- und Fluchtort zu präsentieren. Natürlich gibt es, vor allem aus der Zeit, als es den meisten Deutschen noch an Geld mangelte, um im Urlaub in die Ferne zu schweifen, es noch keine Kreuzfahrten mit Landausflügen gab oder Pensionisten gar dem unwirtlichen Winter den Rücken kehrten und auf Fuerteventura oder Gran Canaria ein halbes Jahr bei konstanten zwanzig Grad die Zeit mit Golfspiel verbrachten, sehr konkrete, reale Inseln im Schlager, die die Reiselust befördern sollten. Capri, Rhodos, Samoa, Hiddensee, Mykonos, St. Helena, Santa Maria – sie alle wurden zu Schlagerstoff und dienten dazu, Liebenden zumindest einen vorübergehend beglückenden Unterschlupf zu geben, fernab der Großstadtmoloche Frankfurt oder Berlin.

Auffällig ist, dass die Schlagerinseln oft zu Metaphern werden, sodass es auf verifizierbare Strände und Häfen gar nicht mehr ankommt. Wenn die Flippers *Komm auf meine Insel* singen, Gilbert Bécaud die *Insel Nirgendwo* ansteuert oder Michael Holm (in *Insel im Strom*) mit Versen wie »Und wenn die Flut einbricht, dann bin ich für dich die Insel im Strom« ins Vage abdriftet, dann läuten die symbolischen Alarmglocken, dann meint die »Insel« vor allem einen Egal-wo-bloß-nicht-hier-Ort, der Halt verleiht.

Am meisten hat sich wohl der Österreicher Peter Cornelius von den farbig-sonnigen Bildern der Reisekataloge entfernt. Sein *Reif für die Insel* aus dem Jahr 1982 stand, just als Helmut Kohl Kanzler wurde, für eine Erschlaffung der Wohlstandsgeneration. Dem wachsenden Leistungsdruck ist der junge Mensch – Cornelius zählte damals schlappe 31 Jahre – zunehmend nicht mehr gewachsen. Seine Bereitschaft, Stress auszuhalten und die Ärmel hochzukrempeln, schwindet, und so bleibt ihm allein die schmähliche Flucht auf die Insel. Kein Wunder, dass Helmut Kohl, der im selben Jahr die Kanzlerschaft übernahm, vom »Freizeitpark Deutschland« sprach, ein Tadel, den sich Friedrich Merz und Christian Lindner, der Sylt-Kenner, gemerkt haben.

Mit Leistungsverweigerung dieser Art haben Anita und Alexandra Hofmann, die aus dem Sigmaringer Stadtteil Jungnau stammen und Ende der 1980er-Jahre nach Igelswies, Gemeinde Meßkirch, verzogen, zwar wenig zu tun, doch ihre *Insel Romantica* (1998) aus der Produktionsstätte Frankfurter & Holder gehört – der

Inselname zeigt es überdeutlich an – ins geografische Niemandsland.

Von 1988 bis 2012 traten die viele Instrumente beherrschenden Schwestern als Geschwister Hofmann auf, danach als Anita & Alexandra Hofmann, ehe sie vor Kurzem beide eine Solokarriere starteten. Immer mit der eigenen Schwester zu singen und durch Deutschland zu touren, das kann anstrengend sein. Kein Wunder, dass es in der Schlagergeschichte viel mehr singende Paare (Cindy & Bert, Nina & Mike, Adam & Eve, Hauff & Henkler …) gibt als singende Geschwister. Immerhin, von Hoffmann & Hoffmann, den Brüdern, war schon die Rede (siehe Platz 25), und prompt fallen uns da noch Renate und Werner Leismann (*Ein Schlafsack und eine Gitarre*) ein, doch die kommen aus Schmallenberg, Hochsauerlandkreis, und haben deshalb in diesem Buch wenig zu suchen.

Die Geschwister Hofmann waren Grenzgängerinnen zwischen Schlager und Volksmusik. Als sich Ersterer Anfang der 1980er-Jahre zunehmend schwertat, Medien- und Hitparadenpräsenz zu erlangen, liefen einige seiner Vertreter ins ohnehin verwandte Volksmusikgenre über. Schlagerhaudeg:innen (ist das korrekt so?) wechselten das Fach, um durch Auftritte bei TV-Volksmusikabenden, moderiert von Carolin Reiber oder Karl Moik, den Weg aufs Abstellgleis erst einmal zu vermeiden. Lolita, Margot Eskens oder Elfi Graf, sie alle waren plötzlich in alpinen Schunkelsendungen zu sehen, mit Liedern, die das

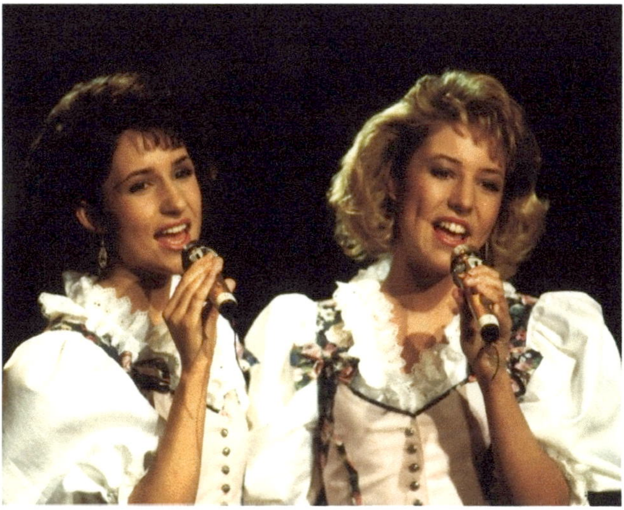

Schlagerrad ein wenig weiterdrehten. So weit sind Schlager und Volksmusik oft nicht auseinander.

Die Geschwister Hofmann tummelten sich vor allem auf den Volksmusikalmen. Auf die Topplätze der Charts gelangten sie nie, doch mit ihrer Bühnen- und TV-Präsenz, etwa im ZDF-Fernsehgarten, gehörten und gehören sie irgendwie dazu. Fast allen ihren Liedern mangelt es an jedweder Originalität; sie verkörpern Stimmungsmusik zum Mitklatschen, kein Wunder, dass Jack White 2012 zum Produzenten der gern im Dirndl auftretenden Schwestern wurde, und reihen textlich ein Stereotyp ans andere. So auch *Insel Romantica.* »Komm mit mir / auf die Insel Romantica, / wo ich mit dir so oft schon / in meinen Träumen war«, lautet der Refrain, eine Aufforderung, »alle Zeit der Zärtlichkeit« auf einer nicht zu lokalisierenden Insel zu verbringen. Es geht »gradeaus dem Himmel« zu, wo »sternenweit« irgendwo dieses Eiland der Liebe liegen muss. Dahinter steckt nicht einmal ansatzweise der Versuch, eine Geschichte zu erzählen. Die Insel Romantica hat ja auch keine.

Sie glauben mir nicht? Dann gehen Sie auf YouTube und gönnen Sie sich ein Dutzend Hofmann-Songs, beginnend vielleicht mit *Wir singen Bella Musica*, wo jede Textzeile jedes Klischee bedient. Dessen ungeachtet wurden die Hofmanns 2003 Ehrenbürgerinnen von Meßkirch, in einer Reihe mit dem Philosophen Martin Heidegger und dem Schriftsteller Arnold Stadler. Man wird sich in Meßkirch etwas dabei gedacht haben.

Maggie Mae

MY BOY LOLLIPOP

(Musik: Morris Levy; Text: Kurt Hertha)

Manche Lieder brauchen lange, bis sie auf dem deutschen Musikmarkt ankommen. *My Boy Lollipop* (damals noch mit der Schreibung »Lollypop«) wurde 1956 im amerikanischen Original von Barbie Gaye veröffentlicht – ohne größere Aufmerksamkeit zu erregen. Erst als die Jamaikanerin Millie (Small) acht Jahre später den Song neu auflegte, stellte sich der Erfolg ein. Sechs Millionen Singles wurde weltweit davon verkauft, und auch in den deutschen Charts reichte es für Platz 5. Es folgte prompt eine gut angenommene Coverversion der Hamburgerin Heidi Bachert.

My Boy Lollipop freilich scheint seinen Interpretinnen kein dauerhaftes Glück gebracht zu haben. Millie ging als One-Hit-Wonder in die Geschichte ein, und auch Heidi Bachert verschwand danach in der Versenkung. Ihre Fassung hatte Kurt Hertha geschrieben, einer der erfolgreichsten Textdichter überhaupt; ihm verdanken wir auch Unvergängliches wie *Tanze mit mir in den*

Morgen, *Ganz in weiß* oder *Du kannst nicht immer siebzehn sein*.

Das englische Original setzt ein mit der schönen Strophe: »My boy Lollipop / You made my heart go giddy-up / You are as sweet as candy / You're my sugar dandy«, die Kurt Hertha, die schöne zweite Zeile leider übergehend, recht textgetreu nachformte: »My boy Lollipop, / du bist mein süßer Sugar-Boy. / Du bist so sweet wie Candy, / oh, oh, my Sugar-Dandy«.

1974, acht Jahre später, kam es – die Branche vergisst schnell – zu einem neuerlichen Remake, vorgetragen diesmal von einem vierzehnjährigen Mädchen aus der Karlsruher Südstadt. 1960 als Andrea Cosima Carle geboren, nannte sie sich Maggie Mae – vielleicht inspiriert von Rod Stewarts *Maggie May* (1971). *My Boy Lollipop* war ihre zweite Single, brachte sie auf Platz 17 der Charts und im Oktober 1974 auf die Spitzenposition der ZDF-Hitparade.

Merkwürdigerweise hatte Kurt Hertha seinen alten Text überarbeitet und ihm dabei einiges von seiner Originalität genommen. Bei Maggie Mae hieß es nun: »My Boy Lollipop, / du sagst, du bist mein bester Freund. / Du meinst, dass wir uns lieben, / das ist übertrieben.« Nichts mehr ist von der »süßen« Assoziationsbreite des Originals und der Heidi-Bachert-Fassung geblieben. Vom Lollipop, dem »Lolli« oder »Dauerlutscher«, ließ sich mühelos eine Brücke schlagen zum offensichtlich »süßen« Geliebten, dem »Zuckerjungen«, der so »sweet« wie »Candy« sei.

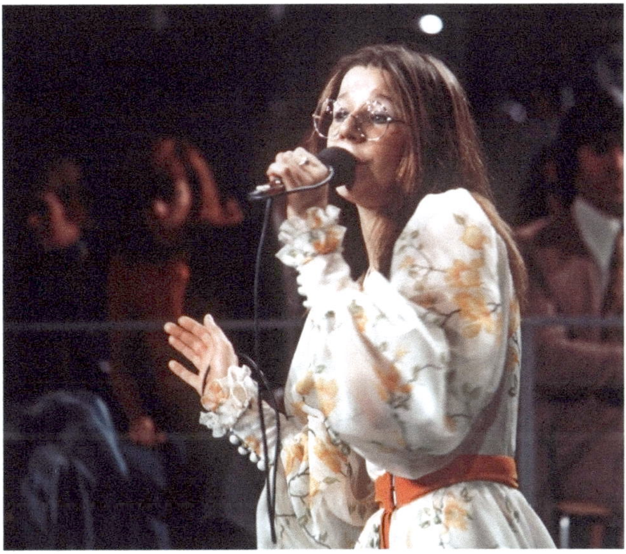

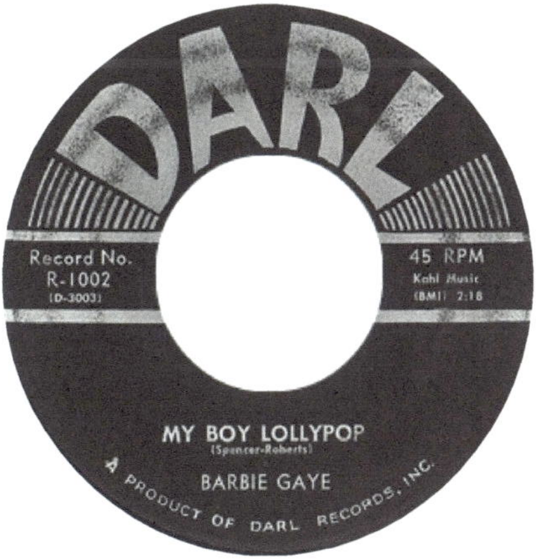
DARL
Record No.
R-1002
(D-3003)
45 RPM
Kahl Music
(BMI) 2:18
MY BOY LOLLYPOP
(Spencer-Roberts)
BARBIE GAYE
A PRODUCT OF DARL RECORDS, INC.

Was mag Hertha beziehungsweise die Plattenfirma bewogen haben, den Text zu verharmlosen, den Lolli-Bezug einzuebnen? Waren es zu viele Anglizismen in der ersten Version, oder wurde gar befürchtet, dass diese – ein Schelm, wer Übles dabei denkt – als unterschwellig erotisch gelesen werden könnte? Von »my Sugar-Candy« zum »Sugar-Daddy« ist es nicht weit, und dass der Lolli in der Schweiz als »Schleckstängel« gehandelt wird, wollen wir zumindest anmerken, aber nicht kommentieren. Der Ordnung halber sei erwähnt, dass in England der »lollipop man« ein Schülerlotse ist, doch darauf, dass der im Lied angesprochene junge Mann einer solchen Tätigkeit nachgeht, gibt es keine Hinweise.

Auch mit der gereinigten Version startete Maggie Mae, die zu den jüngsten Interpreten zählt, die je in der ZDF-Hitparade aufgetreten sind, durch. Mit langem, gern kopfüber geschütteltem Haar und kreisrunden Brillengläsern wirbelte sie über die Bühne, zeigte gymnastische Verrenkungen, die man Katja Ebstein oder Paola nie abverlangt hätte, und erhielt nicht zuletzt deswegen den Beinamen »verrücktes Huhn«.

My Boy Lollipop ist ein typischer Gutelaunetitel im hüpfenden Rhythmus der aus Jamaika stammenden Ska-Musik, vorgetragen mit leicht kicksender, sich überschlagender Stimme. Was das Lied erzählt, ist in seiner lutscherfreien Variante von großer Harmlosigkeit und von nicht so großer Logik. Ob das singende Mädchen die Liebe des Jungen »übertrieben« findet, mit ihm

»morgen« den »Zug zum Glück« nehmen will oder ob es nicht eher um Freundschaft geht (»Oh, my boy Lollipop, / du bist und bleibst mein bester Freund. / Ich will dich nicht verlieren, / das möcht ich nicht riskieren«), bleibt bis zum Schluss offen. Eine Vierzehnjährige muss sich ja noch nicht dauerhaft binden.

Maggie Mae hatte mit *My Boy Lollipop* einen Hit, doch es erging ihr nicht besser als Millie und Heidi Bachert. Eine imposante Karriere entwickelte sich nicht. Ein gutes Dutzend Platten folgten; zweimal trat Maggie Mae beim ESC-Vorentscheid an, und in der legendären TV-Quatschserie *Klimbim* hatte das »verrückte Huhn« ein paar Auftritte.

1981 nahm sie für die Karlsruher Firma Rachengold eine Promoplatte auf, die noch einmal das Lolli-Thema aufgriff. *Lutsch mit* hieß dieses denkwürdige Werbemittel, in dem »girls and boy friends« aufgefordert werden, die Rachengold-Bonbonsorten »glimonen« und »gletscher-eis« zu lutschen. Geschrieben hat das Ganze, womit Maggie Mae gewissermaßen zu ihren Anfängen zurückkehrte, Harald Folgmann – drei Minuten, die von immensem Karlsruher Lokalpatriotismus zeugen, dauert das Stück. Kurz danach zog Maggie Mae sich zurück und übersiedelte in die USA, wo sie bis zu ihrem Tod 2021 in Florida lebte.

Platz 19

Wolle Kriwanek

DIE STROSSABOH

(Musik und Text: Wolle Kriwanek)

Manche Dialekte haben es schwerer als andere, das Schwäbische zum Beispiel. In vielen nicht süddeutschen Ohren klingt es possierlich, lächerlich und grob, ganz so, als könne man diejenigen, die es sprechen, nicht ernst nehmen. Kein Wunder, dass in Fernsehfilmen grenzdebile Nebenfiguren gerne schwäbisch reden …

Versuche, das Schwäbische salonfähig zu machen, hat es etliche gegeben. Volksschauspieler wie Willy Reichert oder Kabarettisten wie Matthias Richling haben sich redlich bemüht, jenseits der Landesgrenzen Sympathien zu wecken, und Thaddäus Trolls Bestseller *Deutschland deine Schwaben* brachte auch Norddeutschen die Eigenarten und die Sprache dieses Menschenschlags näher.

Im Bereich der Musik darf dabei der 1949 in Stuttgart-Stammheim geborene Wolfgang »Wolle« Kriwanek die größten Verdienste für sich beanspruchen. Früh begeistert vom amerikanischen Blues und Soul, schickte er sich in den 1970er-Jahren an, das Unmögliche zu versuchen:

das eher mit Blasmusik in Verbindung gebrachte Schwäbische blues- und rockfähig zu machen.

Bis der vollbärtige, lockenprächtige Kriwanek Erfolge feierte und die Skeptiker überzeugte, dauerte es eine Weile. Er fuhr zweigleisig, studierte an den Pädagogischen Hochschulen in Ludwigsburg und Reutlingen und unterrichtete als Sonderschullehrer. Von 1980 bis 1986 wagte er den nächsten Schritt und ließ sich vom Schuldienst beurlauben, doch die Erfolge der Neuen Deutschen Welle drängten einen schwäbischen Liedermacher und Bluessänger wie Kriwanek an den Rand. Er begann, nun in Backnang wohnend, wieder als Lehrer zu arbeiten, an der Bodenwaldschule in Winnenden.

Kriwaneks Lieder, die er oft zusammen mit dem ungemein vielseitigen Komponisten und Gitarristen Paul Vincent schrieb, orientieren sich am Alltag seiner Zeitgenossen, spießen nicht nur schwäbische Skurrilitäten auf, ohne übertriebene Heimeligkeit an den Tag zu legen, und sind alle von sprachmächtiger Originalität. Typisch dafür zum Beispiel der *Bad'wanna Blues* (1975), der die Samstagwonnen eines Wannenbads – der Schwabe gönnt(e) sich aus Sparsamkeitsgründen diesen Luxus nur einmal in der Woche – beschreibt und sich in der Betrachtung des großen Zehs und im Spiel mit dem Brauseschlauch ergeht.

Am Ende des Vergnügens bleibt am Beckenrand der eigene »Dreck« zurück, und man ist nun gerüstet für die Samstatgabenddisco.

Kriwaneks genauer Blick für die kleinen Plagen, die seine Mitmenschen Tag für Tag auszuhalten haben, spiegelt sich in einem Lied aus dem Jahr 1980 wider, das einem in der deutschsprachigen Songwelt zu wenig Beachtung findenden Verkehrsmittel gilt: der Straßenbahn. Während das Automobil (*Im Wagen vor mir*) oder die Bahn (*Es fährt ein Zug nach nirgendwo*) Textdichtern ständig Inspiration liefern, bleiben Straßenbahn beziehungsweise Tram unterbewertet. *Ein Wagen von der Linie 8* des Münchner Volkssängers Weiß Ferdl ist aus grauer Vorzeit, und Tony Marshalls *Ich klau dir eine Straßenbahn* wollen wir vor allem mit Nachsicht behandeln.

Die Stroßaboh von Wolle Kriwanek und den Schulz Bros. schildert den atemlosen Wettlauf eines Mannes mit seiner Straßenbahn, genauer: mit einem Wagen der Linie 5, die ihn nach des Tages Last und Mühe heimwärts bringen soll, denn »laufa« will er nicht. Doch wie es der tückische Alltag so will: Mit hechelnder Zunge steht der sich abstrampelnde Mann an der Ampel und sieht nur eine Möglichkeit: »I renn los bei Rot, als allerletzte Chance. / Da macht der mir Tür zu, der Dinger, vor dr Noas.« Geld fürs Taxi ist keins da; da bleibt nur der Fußmarsch, bei sehr schlechter Laune.

2003 starb Kriwanek, der immer ein Förderer des musikalischen Nachwuchses war, in Backnang an den Folgen einer geplatzten Arterie im Alter von dreiundfünfzig Jahren. Sein Werk, zu dem auch kleine Liebeslieder wie *Denn i mog di* (»… ond i glaub, do mogsch au mi«) gehören, hat sich gut erhalten und wird nicht nur bei Erinnerungsveranstaltungen etwa zu seinem zwanzigsten Todestag gefeiert.

In seinem Geburtsort Stammheim heißt inzwischen eine Straße nach ihm, und in Backnang gibt es einen Wolle-Kriwanek-Weg. Die größte Ehre wird diesem einmaligen schwäbischen Sänger post mortem jedoch alle zwei Wochen zuteil, bei den Heimspielen des VfB Stuttgart. 1996 war Kriwanek mit VfB-Geschäftsführer Ulrich Schäfer zusammengekommen und hatte den Auftrag erhalten, eine Vereinshymne zu schreiben, die bei Sieg und Niederlage gleichermaßen funktioniere und alle, von der Cannstatter Kurve bis zur Haupttribüne, anspreche. Obwohl Kriwanek diese Aufgabe als »Quadratur der Maultasche« erschien, ging er sie an – höchst erfolgreich. Sein *Stuttgart kommt* ist inzwischen die offizielle Vereinshymne, und in der Saison 2023/24, als der VfB überraschend Vizemeister wurde, schallte sie besonders glaubwürdig und inbrünstig durchs Rund des Neckarstadions.

Platz 18

Costa Cordalis
ANITA

(Musik und Text: Costa Cordalis und Jean Frankfurter)

Ortsvorsteher Helmut Klaissle duldete keinen Zweifel. Als der 1944 im griechischen Elatia geborene Costa Cordalis 2019 auf Mallorca starb, stand für Klaissle eines fest: »Costa war ein Kniebiser. Er war einer von uns.« Und in der Tat: Mitte der 1980er-Jahre war der Vorzeigegrieche in das zu Freudenstadt gehörende Schwarzwalddorf Kniebis gezogen, mit seiner Frau Ingrid. Seine Kinder wuchsen in Kniebis auf, und erst 2016 wechselte er, gesundheitlich bereits angeschlagen, auf die Baleareninsel Mallorca.

Allein deshalb gehört Costa Cordalis in dieses Buch, zumal die Gemeinde Kniebis, die sowohl in Baden als auch in Württemberg liegt, den Südwesten ideal verkörpert. Kniebis' Lage am fast eintausend Meter hohen gleichnamigen Bergrücken trug dazu bei, dass sich der Grieche dem Wintersport zuwandte, einer Disziplin, in der sein Heimatland selten brilliert. 1985 trat er – an Medienaufmerksamkeit herrschte kein Mangel – für Griechenland bei den

Nordischen Skiweltmeisterschaftenn im Tiroler Seefeld an. Die Ergebnisliste im 30-Kilometer-Langlauf führt den wackeren Cordalis auf dem letzten, dem fünfundsiebzigsten Platz. Der Rückstand auf den Sieger, die norwegische Langlauflegende Gunde Svan, betrug rund fünfzig Minuten, Zeit genug, um sich etwa siebzehn Singles anzuhören.

Zehn Jahre zuvor hatte Cordalis weniger in der Loipe als im deutschen Fernsehen geglänzt. Nachdem er schon 1965 mit *Du hast ja Tränen in den Augen*, der schmalzigen deutschen Version von Elvis Presleys schmalzigem *Crying In The Chapel*, auffällig geworden war, triumphierte er Mitte der Siebzigerjahre nicht nur in der ZDF-Hitparade. Schlag auf Schlag veröffentlichte er Hits: *Carolina, komm*; *Steig in das Boot heute nacht*, *Anna Lena* und *Anita*. Letzterer war sein größter Coup, er landete auf Platz 3 der deutschen und sogar auf Platz 1 der Schweizer Charts.

Schon in den Fünfzigerjahren waren die Musikproduzenten darauf bedacht, für exotische Reize zu sorgen, verkörpert durch Interpretinnen und Interpreten, die aus fremden Ländern kamen und mit apartem Akzent oft sehr mühsame Kämpfe mit der deutschen Sprache ausfochten. Der Balkan entsandte mit Ivo Robic früh einen Vertreter; Italien folgte mit Mina oder Rita Pavone. Frankreich beglückte uns mit Sacha Distel, Françoise Hardy und Mireille Mathieu, die USA mit Bill Ramsey, Peggy March und Gus Backus, während die skandinavischen Länder gleich eine ganze Armada gut gelaunter

Sängerinnen über die Grenze schickten, die Wencke Myhre, Dorthe, Siw Inger, Kirsti, Siw Malmkvist oder Gitte hießen.

Auch Griechenland meldete sich früh zu Wort, mit der unnachahmlichen Nana Mouskouri, deren *Weiße Rosen aus Athen* bis heute blühen. Die große Griechenland-Welle – zu der auch Udo Jürgens' *Griechischer Wein* gehörte – schwappte freilich erst in den Siebzigerjahren nach Deutschland, zu einer Zeit, als man verstärkt Rhodos, Santorin und Kreta bereiste und die ersten griechischen Tavernen den Pizzerien Konkurrenz machten, Lokale, die – damit die ölgetränkten Gyrosteller und Poseidonplatten besser verdaut werden konnten – ihren Gästen einen Ouzo »aufs Haus« kredenzten.

Das war die Zeit von Vicky Leandros, die mit *Après toi* blutjung den Grand Prix Eurovision gewann, und vom Koloss Demis Roussos (*Goodbye, my love, goodbye; Schönes Mädchen aus Arcadia*), einem schwergewichtigen Mann mit charakteristisch hoher Stimme, schwarzem Bart und weißen, seinen massigen Körper umhüllenden Gewändern. In diese Phalanx brach der mit Gitarre behängte Costa Cordalis ein, der mit langem schwarzen Haar und weit aufgeknüpftem Hemd wie eine Reinkarnation des Lyra spielenden Apollon wirkte. Bezeichnenderweise hieß eines seiner Lieder *Es stieg ein Engel vom Olymp*.

Geografisch zeigte Cordalis eine gewisse Vielseitigkeit. Während er in *Carolina, komm* die Angesungene »aus dem Norden« nach Theben locken will, bleibt in *Steig in*

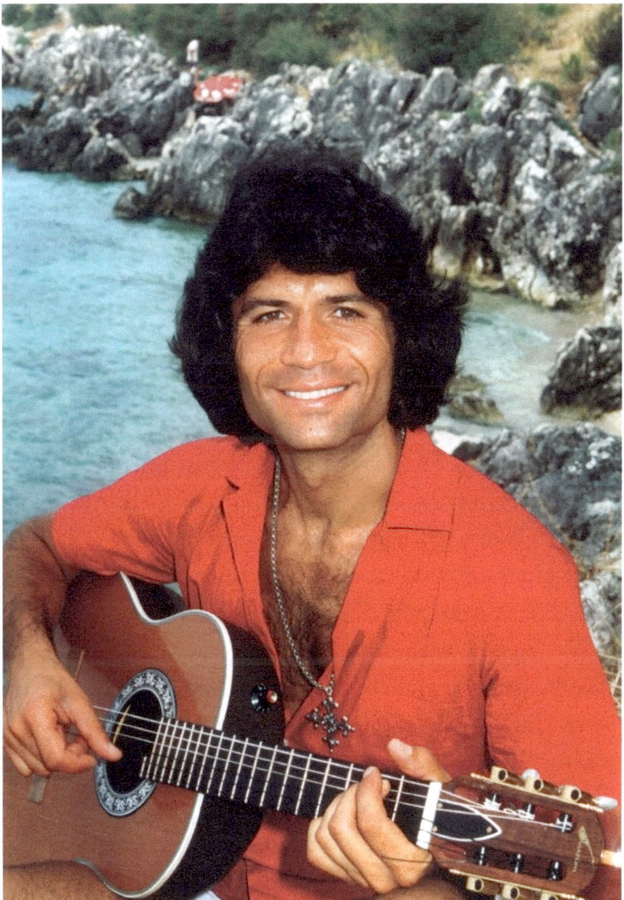

das Boot heute nacht, Anna Lena zwischen vielen »Na, na, na«- und »La, la, la«-Lauten lange unklar, wohin die Liebesreise gehen soll. Von »weißen Stränden« ist die Rede, doch erst die Verse »Hör die Lieder, / die hat der Wind uns gemacht. / Schön muss es sein, dich zu lieben, / in der Nacht, wenn Apollon erwacht« schaffen Klarheit.

Zwei Jahre später, 1976, wagte Costa Cordalis einen riskanten Ortswechsel und versuchte, seine topografische Kompetenz über sein Heimatland hinaus auszudehnen. *Anita* nämlich spielt in Mexiko, das für den Schlager kein unbekanntes Terrain war. Rex Gildo hatte mit seiner nicht totzukriegenden *Fiesta Mexicana* (»Hossa, hossa!«) die Menschen darauf eingestimmt, zumal er bereits 1962 in *Speedy Gonzales* die schnellste Maus von Mexiko besungen hatte. Auch Ronnys später zur Oktoberfesthymne gewordenes *Sierra Madre* oder Heinos *In einer Bar in Mexico* wollen wir nicht übersehen.

Um zu beschreiben, worum es in *Anita* geht, genügt es, Wikipedia zu bemühen. Die dort gereichte Inhaltsangabe ist so klar wie kurz: »Das Lied handelt von einer Frau mit schwarzen Haaren und funkelnden Augen namens Anita, die die erzählende Person ›irgendwo, allein in Mexiko‹ trifft.« Mehr ist dazu nicht zu sagen, es sei denn, man interessiert sich dafür, dass das Liebespaar – natürlich – die Aufmerksamkeit der »Compañeros mit ihren Sombreros« auf sich zieht.

Viel darf man also in landeskundlicher Hinsicht von Costa Cordalis nicht erwarten; immerhin werden in

Mexiko wenigstens Sombreros getragen. Mit dieser Gleichgültigkeit gegenüber den spezifischen Eigenheiten des Landes ist *Anita* nicht allein; 1957 nahm Caterina Valenta ihr *Tipitipitipso* auf, das mit denkwürdigen Zeilen auffiel: »Tipitipitipso, beim Calypso / sind dann alle wieder froh / im schönen Mexiko, Tipitipitipso«. Bitte überprüfen Sie selbst, ob der Calypso wirklich in Mexiko beheimatet ist. Verantwortlich dafür war Texter Kurt Feltz, der schon an anderer Stelle (siehe Platz 24) durch geografische Sorglosigkeit auf sich aufmerksam machte.

Mexiko hin, Mexiko her – Costa Cordalis' erfolgreichster Song ist vor allem wegen seiner gellenden, von einem quäkenden Mädchenbackgroundchor unterstützten Anita-Ausrufe in Erinnerung geblieben, ein Juchzen, das das Lied für Schlagermoves unverzichtbar macht und folgerichtig auch von Dieter Thomas Kuhn (siehe Platz 23) in sein Repertoire aufgenommen wurde.

Und Costa Cordalis selbst? Müssen wir erwähnen, dass er 2004 schrecklicherweise an der RTL-Dekadenzshow *Ich bin ein Star – Holt mich hier raus!* teilnahm und erster Dschungelkönig wurde? Oder dass ihm die Schönheitschirurgie im fortgeschrittenen Alter keinen Gefallen tat? Nein, das müssen wir nicht.

Platz 17

Michelle

WER LIEBE LEBT

(Musik: Gino Trovatello & Matthias Stingl; Text: Eva Richter)

Ich war dabei. Das darf nicht verschwiegen werden. Ich war am 12. Mai 2001 in der Kopenhagener Parken-Arena live dabei beim 46. Eurovision Song Contest. In der Reihe vor mir saß der Pforzheimer Uwe Hübner, der wenige Monate zuvor als Moderator die ZDF-Hitparade zu Grabe getragen hatte. Glücklich war ich, die Vorjahressieger, die altgedienten Olsen Brothers, die mit *Fly Over The Wings Of Love* den ESC nach Dänemark gebracht hatten, auf der Bühne erleben zu dürfen. Ein bisschen traurig war ich, dass meine Favoritin, die Französin Natasha Saint-Pier mit *Je n'ai que mon âme*, nur den vierten Platz erreichte. Und engagiert drückte ich der deutschen Teilnehmerin, der 1972 als Tanja Hewer in Villingen-Schwenningen geborenen und in Blumberg, Schwarzwald-Baar-Kreis, aufgewachsenen Michelle, die Daumen.

Wie es Michelle und ihrem *Wer Liebe lebt* erging, wissen wir alle. Sie erreichte unter den dreiundzwanzig Finalisten einen mehr als respektablen achten Platz. Das

Lied, das Michelle in Kopenhagen im letzten Drittel auf Englisch – *To Live For Love* – sang, ist ihr populärstes geblieben und für die deutsche ESC-Geschichte zudem von besonderer Bedeutung. Denn *Wer Liebe lebt* ist der letzte originäre Schlager, mit dem Deutschland an den Start ging, dargebracht von einer Interpretin, die bereits einen Namen und damit etwas zu verlieren hatte. Danach schickte man Songwriter, eine Countryband und vor allem rasch gecastete No-Names ins Rennen. Das Ergebnis sah meist entsprechend aus.

Entdeckt von Kristina Bach, begann Michelle, als ihr Haar noch frei von Blondtönen war, ihre Karriere 1992 mit *Und heut' nacht will ich tanzen* – zu einer Zeit, als es um den deutschen Schlager schlecht stand, nur wenige seiner Vertreter wie Wolfgang Petry, Claudia Jung und Andrea Berg größere Aufmerksamkeit erzielten und vom Helene-Fischer-Boom noch nichts zu erahnen war.

Michelles Singles sollten, anders als ihre sehr erfolgreichen Alben, die TOP 10 der Charts nie erreichen; auch *Wer Liebe lebt* musste sich mit Platz 32 begnügen. Dennoch weist ihre Playlist eine Reihe charmanter, ins Ohr gehender Titel auf, die nicht in der Schlagermottenkiste untergegangen sind, darunter *Silbermond und Sternenfeuer*, *Dornröschen ist aufgewacht*, *Kleine Prinzessin* und *Dein Püppchen tanzt nicht mehr*. Die Glut, mit der Michelle ihre Liebeslieder vortrug, brachte ihr Sympathien ein. Hier ging eine auf die Bühne, die ohne Wenn und Aber zum Schlager stand.

Ihre wechselnden Blondhaarfrisuren, ihr nicht zu dezent aufgetragenes Make-up und ihre dekolleteebetonten Kleidchen wurden zum Markenzeichen. Sie posierte für erotische Fotos und stand mit der Boulevardpresse stets in engem Kontakt, die gern die Aufs und Abs ihres Lebens begleitete. Die körperlichen Zusammenbrüche, die wechselnden Partner, die Kinder, die Eröffnung eines Hundefriseursalons in Köln – nichts eignete sich nicht für Aufmacher in der Regenbogenpresse. Ende 2023 kündigte sie an, sich aus dem »Haifischbecken«, aus dem »vergifteten Umfeld« der Schlagerbranche zurückzuziehen. Mal sehen.

Ihr bekanntester Partner, von 1999 bis 2001, war natürlich ihr Kollege Matthias Reim (siehe Platz 6), mit dem sie Jahre nach der Trennung Duette aufnahm (*Idiot*; *Nicht verdient*). Beide haben eine gemeinsame Tochter, Marie Reim, die den ihr mitgegebenen elterlichen Genen nichts entgegenzusetzen hat und seit ein paar Jahren ebenfalls im Schlagergeschäft mitmischt.

Wer Liebe lebt ist sowohl von der Melodie als auch vom Text her ein klassischer Schlager, der ein klassisches Thema – die Unverwüstlichkeit der Liebe – abhandelt: »Wer Liebe lebt, / wird unsterblich sein. / Wer Liebe lebt, / ist niemals allein«. Der »Schattenblick, der deine Tage trübt«, hat keine Chance mehr, sobald die »Melodie« der Liebe ertönt, »voll Gefühl und voll Poesie«.

Dagegen ist wenig zu sagen. Würde man mich jedoch nach meinem Michelle-Lieblingslied fragen, dann käme

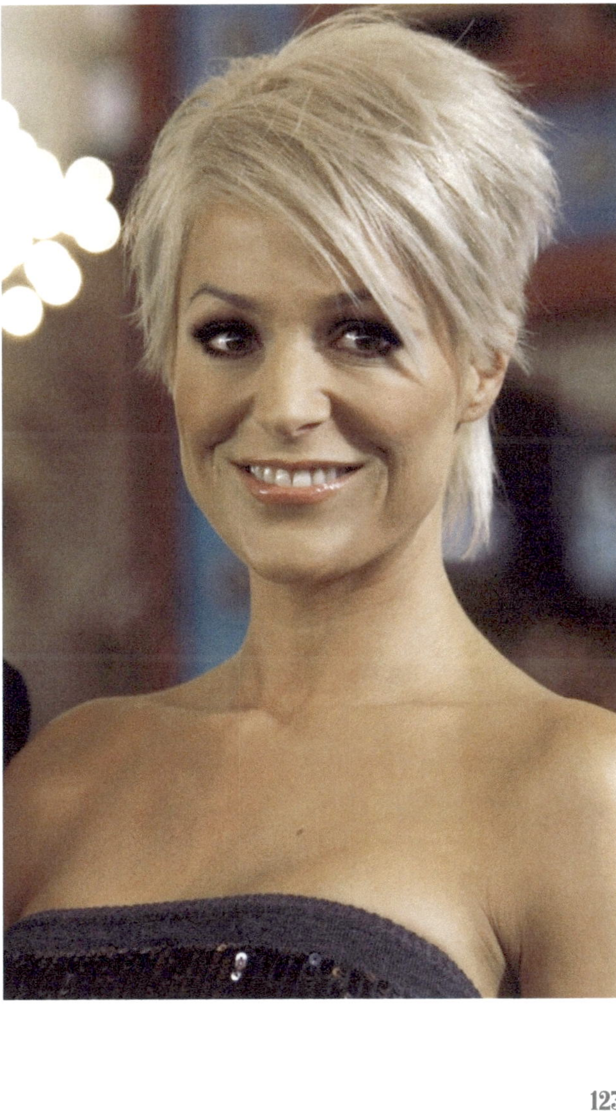

meine Antwort prompt: *Das Hotel in St. Germain* (2002), eine apart-melancholische Paris-Ballade. Sie erzählt von einem Paar, das sich – er ist gebunden, sie eventuell auch – einmal im Jahr in einem kleinen Hotel in Saint-Germain-des-Prés trifft. Das Glück dieser Nacht muss für ein Jahr halten, keine schlechte Herausforderung. Ein gutes Ende fand das nicht, nachzuhören in der tränenreichen Fortsetzung *Abschied von St. Germain* …

Platz 16

Ralf Bendix

SCHAFFE, SCHAFFE, HÄUSLE BAUE

(Musik und Text: Josua Röckelein)

Was hat ein Mann hier zu suchen, der 1924 in Dortmund geboren wurde, Volkswirtschaft studierte und in Köln promovierte, in Düsseldorf das Büro einer amerikanischen Fluggesellschaft leitete, in Monaco und Florida lebte, 2013 im Schweizer Kanton Nidwalden starb und offenkundig zeitlebens keine innigen Kontakte zu Baden-Württemberg unterhielt?

Ja, gewiss, all das spricht dagegen, Ralf Bendix, der eigentlich Karl Heinz Schwab hieß, in diesem Buch zu verewigen, doch Ausnahmen müssen sein, vor allem, wenn sie sich so aufdrängen wie in diesem Fall. Denn Ralf Bendix verdankt das Schwabenland ein Lied, das zu dessen heimlicher Nationalhymne wurde und bis heute die schwäbischen Sekundärtugenden Fleiß, Sparsamkeit und Umtriebigkeit gültig zusammenfasst.

Bevor sein *Schaffe, schaffe, Häusle baue* 1964 erschien (und Platz 11 der Charts erreichte), hatte Bendix sich längst einen Namen gemacht. Der Jazzkenner gehörte zu den Ersten, der auf den Zug der sich in den Fünfzigerjahren mehr und mehr verbreitenden amerikanischen Pop- und Rockmusik aufsprang und mehrere Coverversionen vorlegte. Darunter war Merle Trevis' *Sixteen Tons*, das 1956 sowohl von Freddy Quinn als auch von Ralf Bendix als *Sie hieß Mary-Anne* eingedeutscht wurde. 1961 gelang Bendix mit dem originellen *Babysitter-Boogie* sogar ein Nummer-1-Hit.

Was Ralf Bendix dazu brachte, sich wenig später der schwäbischen Volksseele zu widmen, wissen wir nicht. Ausgestattet mit einem markanten Timbre, aussehend wie Heinz Erhardts jüngerer Bruder und so solide wirkend, dass man ihm ohne Weiteres einen Gebrauchtwagen abgekauft hätte, war Bendix gut geeignet dafür, einen Mann zu verkörpern, dessen ganzes Trachten auf den Bau eines Eigenheims ausgerichtet ist – eine Haltung, die die linke *tageszeitung* später so beschrieb: »Was gibt es Spießigeres, als sein ganzes Leben lang von einem eigenen Häuschen, womöglich mit Garten, zu träumen?«

Den Schlager vom schwäbischen Schaffenstrieb schrieb Wolfgang Neukirchner, der 1923 in Essen geboren wurde, während der Nazizeit unbehelligt Jazz spielte, nach dem Krieg ein Jurastudium absolvierte und Richter am Verwaltungsgericht in Gelsenkirchen wurde. Neukirchner führte ein Doppelleben nach dem Motto »Morgens richten, abends dichten«. Er schrieb über zweihundert Lieder, gilt neben Ralf Bendix und Erich Becht als Entdecker des volkstümelnden Heino, für den er das unterschwellig erotisierte *Blau blüht der Enzian* (»In der dritten Hütte hab ich sie geküsst, / keiner weiß, was dann geschehen ist«) schrieb.

Als Textdichter nannte sich Richter Neukirchner Josua Röckelein, und unter diesem Namen schrieb er für seinen Freund Paul Kuhn 1963 ein Lied, das schon im Titel durch eine eindeutige Unwahrheit auffiel: *Es gibt kein Bier auf Hawaii*. Immerhin sorgten Röckelein & Kuhn dafür, dass die Hawaii-Welle im Schlager schwächer wurde. Der Verzehr von Toast Hawaii soll darunter aber nicht gelitten haben.

Ein Jahr später schrieb Neukirchner das schwäbische Bausparerlied, dessen legendär gewordene Titelzeile, so Landeshistoriker, eventuell auf einen Ausspruch des aus Brackenheim stammenden Bundespräsidenten Theodor Heuss zurückgeht. Das Lied selbst weist leicht misogyne Züge auf, denn der Tatendrang des Häuslebauers scheint sich nicht aus eigenem Antrieb zu entfalten. Das strenge Regiment führt nämlich Ehefrau Mathilde, die den Angetrauten von starkem Alkoholkonsum, Kartenspiel, müßiger Zeitungslektüre und vom Blick auf andere Frauensleute abhalten will und folglich Tag und Nacht ausruft: »Schaffe, schaffe, Häusle baue / und ned nach de Mädle schaue. / Und wenn unser Häusle steht, / dann gibt's noch keine Ruh', / denn dann sparen wir, dann sparen wir / für 'ne Ziege und 'ne Kuh«.

Der selbst Mitte der Sechzigerjahre etwas altmodisch anmutende Wunsch, nach dem Hausbau für eine Ziege

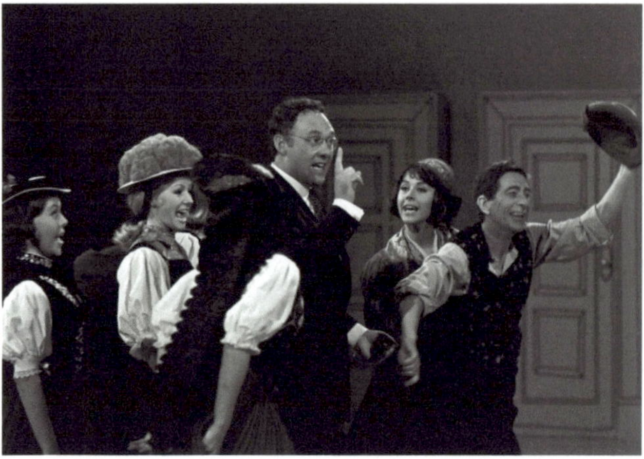

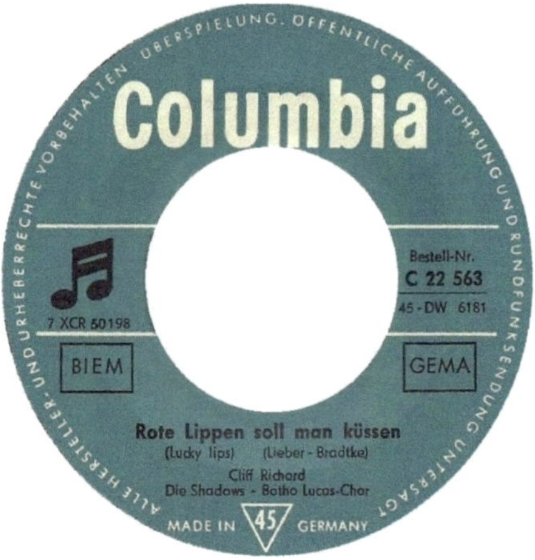
ALLE HERSTELLER- UND URHEBERRECHTE VORBEHALTEN. ÜBERSPIELUNG, ÖFFENTLICHE AUFFÜHRUNG UND RUNDFUNKSENDUNG UNTERSAGT
Columbia
Bestell-Nr.
C 22 563
45-DW 6181
7 XCR 50198
BIEM
GEMA
Rote Lippen soll man küssen
(Lucky lips) (Lieber - Bradtke)
Cliff Richard
Die Shadows - Botho Lucas-Chor
MADE IN 45 GERMANY

zu sparen, deuten wir als Reminiszenz auf das Volkslied *Auf der schwäb'sche Eisebahne*, wo der Bauer bekanntlich seine »Geiß« kurzerhand an den hinteren Bahnwagen anbindet.

Die Strebsamkeit des zur Arbeit angehaltenen Mannes ist so in klassischer pietistischer Haltung eine Kompensationsleistung. Die niederen Gelüste (Bier, Wein, Kartenspiel, Mädle …) müssen unterdrückt werden. Die Legion schwäbischer Eigenheime zwischen Fellbach und Ravensburg verdankt sich also einem permanenten Triebverzicht, denn selbst wenn das »Häusle steht«, gibt es »keine Ruh'«. Das Sparen und Anschaffen kommt nie an ein Ende. So basiert die prosperierende schwäbische Wirtschaft letztlich, Mathilde sei Dank, auf Entsagung und Sublimierung.

Trotz dieser fast bedrohlich wirkenden Geheimbotschaft von *Schaffe, schaffe, Häusle baue* hat das Lied nichts von seiner Popularität verloren. Es hat sich zur Redewendung verselbstständigt. 2014 hielt der Historiker Paul Münch in Tübingen den Vortrag *Schaffe, schaffe, Häusle baue – sind Schwaben besonders fleißig?*. Und wenn Immobilienanleger damit werben, haben längst nicht mehr alle Ralf Bendix im Ohr. Auf Kaffeebechern und T-Shirts findet sich der Spruch überdies.

Im Jahr 1965 wurde Ralf Bendix eine besondere Auszeichnung zuteil. Für seinen das Wirtschaftswunder zementierenden Häusle-Song erhielt er von der Arbeitsgemeinschaft »Rationalisierter Mauerwerksbau« einen goldenen Mauerstein überreicht, da das Lied nicht nur die Schwaben dazu ansporne, noch mehr Einfamilienhäuser in den Speckgürtel der Städte zu setzen – eine Maßnahme, die heute unter Klimagesichtspunkten mehr als kritisch gesehen wird. Das aber konnte das Dortmunder-Gelsenkirchner Gespann Bendix/Röckelein nicht wissen. Auch die Anschaffung von Kühen wird heute nicht mehr allenthalben empfohlen.

Fernando Express
CAPITANO
(Musik: Jean Frankfurter; Text: Irma Holder)

Die Plakate an den Litfaßsäulen sehe ich noch vor mir. Eine Band, die aus der Nähe meiner Geburtsstadt Heilbronn kam, aus dem zwischen Bruchsal und Bretten gelegenen Gondelsheim; eine Band, zu der zottelhaarige junge Männer gehörten, die sich seit 1969 Die Skippies nannten, auf Deutsch sangen und in Konkurrenz zu den damals populär werdenden Flippers (siehe Platz 2) standen; eine Band, die im Kraichgau und rund um Heilbronn Sporthallen füllte … eine davon in Ilsfeld, wenn mich meine Plakaterinnerung nicht trügt.

Josef Eisenhut, Hans Olbert und Klaus Lorenz hießen die Gründungsmitglieder, die beiden Erstgenannten sind bis heute an Bord. Der Erfolg der TV-Tierfilmserie *Skippy, das Buschkänguruh* führte dazu, dass die Plattenfirma zu einem neuen Bandnamen riet: Aus den Skippies wurde Fernando Express, ein Zug, der – nun mit der aus dem badischen Weingarten stammenden Leadsängerin Birgit Langer – rasant Fahrt aufnahm. Die 1990er-Jahre wurden zur Triumphzeit der Band, die im Radio und Fernsehen regelmäßig zu hören und zu sehen war. Vor allem ihre Alben mit Best-of-Kompilationen gelangten regelmäßig in die Charts.

Knapp zwanzig Jahre lang stand Fernando Express unter der Obhut des allgegenwärtigen Produzenten und Komponisten Jean Frankfurter, der mit eingängigen, keinerlei Hörhindernisse aufbauenden Melodien allen Alltagsnöten und weltpolitischen Desastern zum Trotz permanent gute Laune verbreiten wollte. Aber weil der Mensch auf Dauer nicht immer in Gondelsheim und Weingarten sein möchte, packt ihn die Sehnsucht, und er strebt in die Ferne. Dieses Bedürfnis stillte keine Schlagercombo so gut wie Fernando Express, weshalb sie zu Recht das Etikett »das singende Reisebüro« aufgeklebt bekam und folgerichtig auch auf Kreuzfahrtschiffen auftrat.

Wovon Fernando Express jahrzehntelang sang, ist schnell gesagt. Jean Frankfurter vertraute auf seine Textschmiedin Irma Holder – ein Duo, das in diesem Buch zwangsläufig mehrere Auftritte hat. Wie kaum eine Zweite verfügte Holder über die Fähigkeit, wenige Wortversatzstücke immer wieder neu zusammenzufügen, ohne dass ihre Texte von irgendeiner höheren oder tieferen Aussage belastet worden wären. In dieses winzige Vokabellegoset gehören »Strand«, »Sonne«, »Meer«, »Segel«, »Schiff«, »Wein«, »Himmel«, »Mond«, »Tanz«, »Glück«, »Zärtlichkeit«, »Liebe«, »Wind«, »Sehnsucht« und »Sterne«. Weitere, liebe Leserinnen und Leser, können

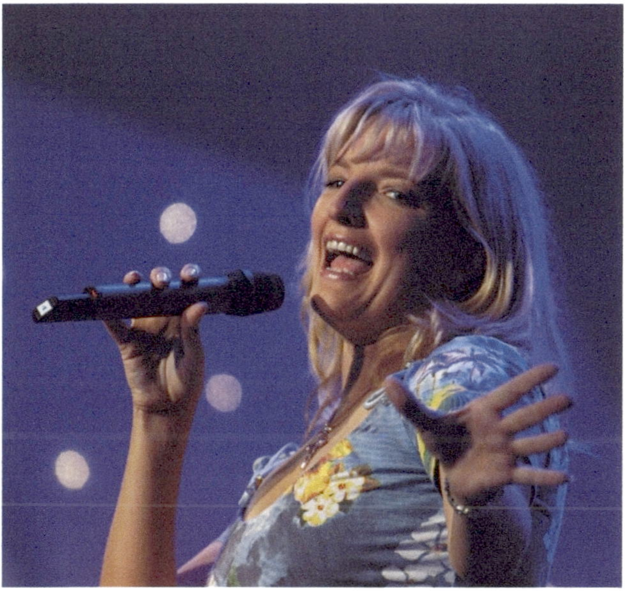

Sie sicher mühelos ergänzen. Diese allesamt freundlich klingenden Substantive werden einmal geschüttelt und gerührt – und fertig sind Liedtexte, die mal für die Geschwister Hofmann (siehe Platz 21), mal für Fernando Express taugen.

Dessen Lieder aus dem Schlagerschnellkochstudio heißen deshalb (in wahlloser Aneinanderreihung): *Canzone di luna; Sehnsucht nach Samoa; Goodbye Bora Bora; Das Märchen der weißen Lagune; Mit dem Albatros nach Süden; Du bist der Wind in meinen Segeln; Der Tag, an dem die Sonne wiederkam; Sei du meine Insel; Die weißen Segel von Santa Monica; Santo Domingo, die Sterne und du* oder *Südlich der Sehnsucht.* Und natürlich *Capitano*, eines der langlebigsten Lieder der Band, das 1994 Platz 96 der Charts erreichte.

Capitano greift einen alten (Schlager-)Mythos auf. Denn Kapitäne zählen – wie Ärzte, Piloten oder Förster – zu jenen Berufsgruppen, die seit jeher hohes Ansehen genießen. Kapitäne, das sind gestandene, wettergegerbte Mannsbilder, die durch kein Unwetter zu erschüttern sind, schöne, oft weiße Uniformen tragen, ernst in Richtung Horizont blicken und nicht selten eine verrätselte erotische Ausstrahlung besitzen – ein Image, das noch heute in den Niederungen des TV-*Traumschiffs* zu finden ist. Erst dessen Kapitän Florian Silbereisen hat dieses Bild beschädigt.

So erstaunt es nicht, dass die Schlagermeereswelt keinen Mangel an Kapitänen hat. Hans Albers, Lolita,

Petula Clark, Heino oder Liselotte Malkowsky haben sich ihrer angenommen; das unter anderen von Peter Alexander und Willy Millowitsch gesungene *In meiner Badewanne bin ich Kapitän* wollen wir als Sonderfall durchgehen lassen. Auch ein *Capitano* gab es schon mal, 1963, vorgetragen von der unvergleichlichen Italienerin Mina und einsetzend mit den Versen: »Capitano wir fahren in das Traumland der Liebe, / Capitano wir reisen zu der Insel Amor«.

Bei Fernando Express und Irma Holder werden noch weniger Umstände gemacht. Ein junges Mädchen sieht verliebt einem »jungen Kapitän« hinterher, der – natürlich – an der Reling eines »Traumschiffs« steht. Sehnsucht packt die Frau; sie will mit, egal wohin: »Capitano, Capitano, / nimm mich mit auf große Fahrt. / Nimm mich mit auf deine Reise / um die Welt / von Athen bis San Francisco, / von Alaska bis Hawaii. / Nimm mich mit, / fahr am Glück nicht vorbei.« Was soll man dazu sagen?

2024/25 will sich die Band, nach fünfundfünfzig Jahren, von ihrem Publikum verabschieden. Die Herren Eisenhut und Olbert werden dabei sein, die 2015 eingestiegene Frontsängerin Heidi Schütz auch, begleitet von ihrer Kollegin Birgit Langer, die 2010 als Zugbegleiterin des Fernando Express ausgestiegen war. *Komm, wir feiern das Leben* heißt das aktuelle Album, mit Gratisarmband zum Preis von 17,99 Euro zu erwerben.

Platz 14

Thommie Bayer
DER LETZTE COWBOY

(Musik und Text: Thommie Bayer und Bernhard Lassahn)

Genau zu der Zeit, als ich mich zum Fasching als Cowboy verkleidete, einen passenden Gary-Cooper-Hut aufsetzte, mir einen Schnurrbart aufklebte und mit einer Käpseles-Pistole Heilbronns Straßen verunsicherte, schwappte eine Welle von Country- und Westernschlagern nach Deutschland. Während im Fernsehen *Rauchende Colts*, *Bonanza* und *Die Leute von der Shiloh Ranch* liefen und amerikanische Countrystars wie Johnny Cash hierzulande bekannt wurden, tummelten sich im Schlager mit einem Mal Cowboys, Sheriffs und Indianer (wie man damals unbedarfterweise sagte), die Friedenspfeife rauchten, den Colt zogen, Whiskey flaschenweise im Saloon tranken und in Liebe zu einem Mädchen in Virginia City entbrannten.

Zu den bekanntesten Vertretern dieser Untergattung zählten Ronny *(Kein Gold im Blue River; Oh My Darling Caroline)*, Ralf Poulsen *(Bonanza)*, der Schweizer Peter Hinnen *(Auf meiner Ranch, da bin ich König)*, der

Weltrekordler im 110-Meter-Hürdenlauf Martin Lauer *(Die letzte Rose der Prärie)* und nicht zuletzt das Westernhelden in keiner Weise ähnelnde Medium-Terzett, das auf Karl Mays Spuren *Winnetou* und den *Schatz im Silbersee* besang. Und auch Gittes berühmtestes Lied *Ich will 'nen Cowboy als Mann* wollen wir als Reflex auf die Beliebtheit dieser Ausflüge in den Wilden Westen erwähnen.

Die Welle ebbte ab, wie sie gekommen war. Es etablierte sich eine eigene deutsche Countryszene, zu der zum Beispiel Tom Astor, Linda Feller und vor allem Truck Stop gehörten. Für einen – ironisch gebrochenen – Nachzüglererfolg in der Schlagerprärie sorgte der Liedermacher Thommie Bayer 1979 mit *Der letzte Cowboy*. Bayers Lebensstationen könnten baden-württembergischer nicht sein. 1953 in Esslingen geboren, ging er in Stuttgart und Tübingen zur Schule, leistete seinen Zivildienst in den Jugendherbergen Feldberg und Villingen, absolvierte ein Studium der freien Malerei an der Kunstakademie Stuttgart, zog nach Freiburg und lebt seit Langem in Staufen im Breisgau.

Bayer, ein wahrhaftes Multitalent, zog mit seiner Band in den 1970er-Jahren von Bühne zu Bühne, ehe er dem Musikgeschäft Lebewohl sagte und sich dem Schreiben zuwandte. Seit bald vier Jahrzehnten veröffentlicht er in bekannten Verlagen regelmäßig Romane, die *Das Herz ist eine miese Gegend* oder *Eine kurze Geschichte vom Glück* heißen, ihm Anerkennung bei der Kritik und eine treue Leserschaft bescherten.

Der letzte Cowboy ist Bayers größter musikalischer Coup. Leise und wehklagend kommt es einher, als würden die Pferde keinen Galopp mehr kennen und die Saloons nur noch Kräuterlimonade ausschenken, mit einem bewusst verschliffenen Mix aus Englisch und Deutsch: »Das waren Zeiten, als wir travelten, / von Town zu Town, / von Frown zu Frown, / im Morgengrown! / Das waren Zeiten, als wir trampten, / von Rottweil nach Southampton / und von Paderborn / zum Matterhorn!«

Immer noch sucht der Mann, auf den dieses Lied ein schöner Abgesang ist, die Freiheit. Glück empfindet er im Alleinsein, obschon die Frauen, auch wenn sie ihn nur »von hinten seh'n«, vor »Sehnsucht fast zergeh'n« wollen, und er verzehrt eine »Dose Rindfleisch, die nach Steppengräsern schmeckt«. Doch sosehr das alles nach Lagerfeuerromantik und Abenteuer riecht, sind wir nicht mehr westlich des Mississippi, sondern im Regierungsbezirk Detmold, in der Bertelsmann-Stadt Gütersloh, dem Heimatort des letzten Cowboys.

Das ist alles gut gemacht und witzig, schlägt einen eigenen Sound an und hat Evergreenqualitäten, wenngleich der Song nie in den Hitparaden auftauchte. Bayer und seinem Mitstreiter Bernhard Lassahn, einer der Autoren der *Käpt'n Blaubär*-Filme, gelingen Reime, wie man sie nicht alle Tage findet: »Ob auf dem Rücken eines Hengstes, ob im Sattel einer Honda, / Freiheit ist nicht nur für John Wayne da – oder Peter Fonda«.

Doch leider ist es nicht so einfach, sich durch Gütersloh wie der »Easy Rider« Fonda zu bewegen. Im Schlussteil steigt die Desillusionierung: Der letzte Cowboy ist ein verhinderter Cowboy, der auf einen Gartengrill spart und sich eine Zigarette anzündet, die mit Sicherheit eine Marlboro oder Camel ist. Ein Schicksal wie in Udo Jürgens' *Ich war noch niemals in New York*, wo die Sehnsucht, sich auf und davon zu machen, mit der Rückkehr ins Bohnerwachstreppenhaus und zu *Dalli Dalli* endet.

Die Stadt Gütersloh übrigens sollte dem Schwaben Thommie Bayer deutlich mehr Dankbarkeit als bisher entgegenbringen. Denn es gibt nicht viele deutsche Städte, die es zu Schlagerehren gebracht haben. Napoli, Santa Monica, Shanghai, Athen, Florida oder Florenz klingen irgendwie besser als Tailfingen, Heilbronn oder Tauberbischofsheim.

Gewiss, es gibt Herbert Grönemeyers *Bochum*, *Auf dem Wege nach Aschaffenburg* der Jacob Sisters, den *Mond von Wanne-Eickel*, dem Friedel Hensch und die Cyprys huldigten, oder *Das ganz große Glück (im Zug nach Osnabrück)*, gesungen vom Deoduo Cliff & Rexonah, doch viel zu wenige Schlagertexter trauen sich, solche exotischen Gefilde auszuloten.

Gütersloh also sollte sich erkenntlich zeigen; »lonesome riders« gibt es da ja immer noch. Ich denke an eine Ehrenbürgerschaft für Thommie Bayer oder eine Straßenumbenennung.

Platz 13

Nina & Mike
FAHRENDE MUSIKANTEN
(Musik: Jack White; Text: Fred Jay)

Es geht nichts über gesundes Selbstvertrauen. 2010 veröffentlichte der Musikproduzent und Komponist Jack White, der eigentlich Horst Nußbaum heißt, seine Autobiografie *Mein unglaubliches Leben*. Diese besteht vor allem aus der Auflistung seiner Leistungen und aus reichlich Selbstlob. Als »ungekrönten König des deutschen Schlagers« rühmte er sich selbst – nach dem Motto »Was ich auch anfasste, wurde zu Gold«.

In der Tat hat White den Schlager vor allem in den 1970er-Jahren wie kaum ein Zweiter geprägt, ehe er später auch in den USA für Hits sorgte. Er schrieb unter anderem für Tony Marshall, Lena Valaitis, Jürgen Marcus, die Geschwister Leismann, Séverine und Andrea Jürgens. Seine leicht wiedererkennbaren Kompositionen zeichnen sich durch Rhythmen aus, die den Gute-Laune-Modus nie verlassen und zum besinnungslosen Mitklatschen einladen. Auch die deutsche Fußball-Nationalmannschaft konnte sich dessen nicht erwehren. Whites *Fußball ist unser Leben* wurde zum Erkennungslied der Weltmeisterschaft 1974.

Zu seinen Entdeckungen gehört das Gesangsduo Nina & Mike, das in der Rubrik »Singende Ehepaare« gleich nach Cindy & Bert rangierte. Michaela Hennemann, 1945 in Halle an der Saale geboren, und Lothar Schähfer, 1944 in Mannheim geboren, fanden schon Mitte der 1960er-Jahre privat und musikalisch zusammen. Unter den nicht sehr vielversprechenden Namen Joe & Jenny und Michaela & Lothar nahmen sie erste Platten auf, doch auf die Siegesspur gerieten sie erst, als sich Jack White ihrer annahm. Fortan hießen sie Nina & Mike, und auch optisch strebte Jack White eine Optimierung seiner Schützlinge an: »Nach der Umbenennung und einer gelungenen Nasen-OP, zu der ich Nina geraten hatte, ging ich mit beiden ins Studio.«

Fortan wurde das Duo zu Dauergästen in der ZDF-Hitparade und stand exemplarisch für den Frohsinn aus dem Hause White. Wie bei fast allen Gesangs(ehe)paaren dominierte die weibliche Stimme deutlich, und auch frisurtechnisch machten Ninas lange, rötlich schimmernde Haare mehr her als die kunstvollen Ondulationen ihres Gatten.

Fahrende Musikanten (1973), das Platz 5 der Charts erreichte, wurde zum Markenzeichen des Duos. Es gehört zu jener Sorte von Liedern, die das eigene Tun, also das Singen, thematisieren. Fred Jays Text suggeriert so gleich zu Beginn, dass Nina & Mike aus ihrem Leben berichten: »Wir haben beide lang allein getingelt, / und oftmals hat die Kasse nicht geklingelt«. Ständig ist das besungene Paar »auf Achse« und »selten zu Haus«. Man zieht, von Liebe und Leid singend und Applaus ersehnend, unentwegt durch die Lande wie – ein durchaus kühner Vergleich – »früher mal so manche Räuberbande«.

Textlich hat das Lied der beiden »fahrenden Musikanten«, die – eine wichtige Beglaubigung des Schaffens – »für die Musik geboren sind«, nicht sehr viel zu sagen. Dafür glänzt es durch Empfindungswörter, sogenannte Interjektionen, die man nicht alle Tage hört. Die stimmungsanheizende Anfangssequenz »La, la, la …« ist recht konventionell, doch schon das folgende »Hey-ho, hey-ho ho« besitzt Originalität. Und als wäre das für die Hitparadenohren noch nicht genug, schließen sich Ausrufe an, die so ähnlich wie »Wow, wow, wow« klingen. Andere Transkriptionen des Gesungenen bevorzugen hier ein »Whoa, whoa, whoa«. So eine Häufung hat was.

Dass Schlager veritable Hits sind, zeigt sich auch in ihrer Parodierbarkeit – eine Nobilitierung, die auch die *Fahrenden Musikanten* erfuhren. Über die Fassung der Fun-Punk-Band Donald Dark, über deren *Fahrende Masturbanten* wollen wir indes kein Wort verlieren. Ebenso wenig wie über die *Saufenden Musikanten* der hessischen Band Adam und die Micky's.

Nina & Mike blieben einige Jahre präsent im Geschäft. Sie coverten sehr erfolgreich, immer noch unter Jack Whites Fittichen, *Paloma Blanca* der niederländischen

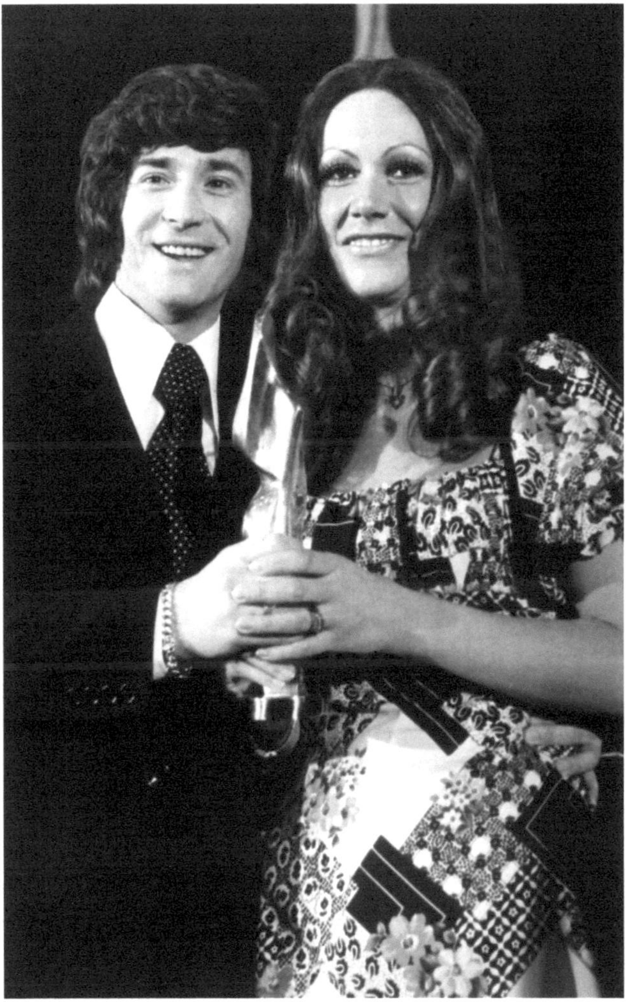

George Baker Selection, für das Altmeister Hans Bradtke die maritimen Verse ersann.

Danach erging es Nina & Mike wie vielen ihrer Kollegen: Die Erfolge und Umsätze gingen zurück, und dennoch sang man tapfer weiter, nun unter anderen produziert von Peter Orloff. Dass die Ehe der beiden 1976 geschieden wurde, änderte an der gemeinsamen Bühnenpräsenz nichts. 1979 eröffneten sie in Ludwighafen die Diskothek Boa!, gelegen, wie sich Besucher erinnern, am Ludwigsplatz neben dem Europahotel. Nina starb 2005 in Wilhelmshaven an Lungenkrebs; Mike litt an Depressionen und hatte Alkoholprobleme. Er starb 2015 in Mannheim.

Fahrende Musikanten und *Paloma Blanca* sind die markantesten Produktionen des Duos geblieben, doch lieber sind mir zwei andere Lieder, vielleicht weil sie nicht Jack White komponierte. 1971 coverten sie *In The Year 2525* des amerikanischen One-Hit-Wonders Zager and Evans – ein düsteres Lied, das nach der Zukunft der Menschheit fragt. Jack White war das zu viel der Apokalypse; sein deutscher Text *Was wird sein in sieben Jahren* verniedlicht das Ganze und lässt zwei Liebende nach dem fragen, was aus ihren Gefühlen füreinander werden wird.

Und nicht zuletzt wollen wir Nina & Mikes *Ich und du und ein Hund dazu* (1971) nicht unerwähnt lassen, denn Hundeschlager sind – wenn wir Loriots Wum mal außen vor lassen – nicht sehr häufig zu hören. Nina & Mikes Ausflug ins Tierreich ist eine Coverversion von

Lobos *Me And You And A Dog Named Boo*. Der deutsche Text erinnert an die Vagabundenzeit der von einem im Deutschen leider namenlos bleibenden Hund begleiteten Sänger. Zeilen wie »Wasser tranken wir aus einem Bach, / Kartoffeln holten wir uns vom Feld« möchte ich nicht missen.

Platz 12

Gaby Berger
WENN EINER DIR 1000 KÜSSE VERSPRICHT
(Musik: Henry Mayer; Text: Hans Bradtke)

Da braute sich etwas zusammen. Noch war vom Feminismus in Deutschland kaum die Rede, und auch die Achtundsechziger-Bewegung zeichnete sich nicht vorrangig durch Bestrebungen aus, die Rolle der Geschlechter neu zu definieren. Dennoch finden sich selbst im – meist konservativen – Schlager in den 1960er-Jahren erste Signale leise aufbegehrender Frauen, die sich zumindest in Liebesdingen nicht mehr alles gefallen lassen.

Connie Francis bittet zwar in *Lass mich geh'n* (1966) ganz herkömmlich um Liebesfreiheit, doch die Betrogene macht sich keine Illusionen mehr: »Bitte spare dir all deine Worte, / lass mich geh'n, lass mich geh'n, / ich weiß besser Bescheid, als du denkst, / und darum lass mich geh'n.« Gitte will sich in *Ich will 'nen Cowboy als Mann* (1963) den elterlichen Vorschlägen bei der Partnerwahl nicht mehr beugen, und Dorthe gibt in *Blondes Haar am Paletot* den nützlichen Rat, den Anzug des Tanzpartners auf verdächtige Spuren anderer Frauen zu untersuchen.

In diese Botschaften dezenten Misstrauens gegenüber vollmundigem männlichem Gerede gehört Gaby Bergers *Wenn einer dir 1000 Küsse verspricht*, mit dem sie 1969 am Deutschen Schlager-Wettbewerb in Wiesbaden teilnahm. Das kecke Lied aus der Feder des Erfolgsduos Mayer/Bradtke wurde ebenso keck vorgetragen von der gerade mal siebzehnjährigen Gaby Berger aus Überlingen. Mit blonder Hochfrisur, einem recht kurzen blauen Kleidchen, einer leicht nasalen Stimme und einem kessen Lächeln, so ging die junge Frau vom Bodensee selbstbewusst an den Start – in einem gut besetzten Wettbewerb, den Roberto Blanco mit *Heute so, morgen so vor* Paola und France Gall gewann. Für Gaby Berger reichte es nur zum neunten Platz, doch während ihr Lied bei den offiziellen Jurys und den Gästen in der Rhein-Main-Halle kaum Anklang fand, setzte sich der Refrain bei den Hörern fest: »Wenn einer dir 1000 Küsse verspricht, / zähle lieber nach, meistens stimmt es nicht. / Denn meistens hat er nach 100 genug, / und das nenn' ich Betrug«.

»Betrug« – was für ein hartes Wort! Trotz ihrer Jugend weiß die Ge- und Enttäuschte Bescheid. Auf »Sprüche« fällt sie nicht herein, und Männer, die mehr versprechen, als sie halten, werden bei ihr kein Land sehen. Eine zugesagte, aber nicht erbrachte Leistung von 900 Küssen ist schließlich kein Pappenstiel.

Gaby Bergers Lied, ihre zweite Single, erreichte immerhin Platz 25 der Charts und hat in den Hinterzimmern des kollektiven musikalischen Gedächtnisses durchaus ein Plätzchen behalten. Übertrumpfen konnten sie diesen Erfolg jedoch nicht mehr, was auch damit zu tun hatte, dass ihre Produzenten ihr ständig ein neues Outfit, eine neue Frisur verpassten – ein Schicksal, das sie mit manchen anderen Kolleginnen jener Jahre teilte, Tanja Berg zum Beispiel. Wiedererkennbarkeit entstand so nicht. Vielleicht hätte man sich an Nana Mouskouri orientieren sollen.

Rund ein Dutzend Platten legte Gaby Berger bis 1974 vor. Zu einer weiteren Chartsnotierung kam es nicht, obwohl darunter nette Stücke waren: das von Peter Orloff geschriebene *Zwei Karten für's Kino* etwa (mit seiner Reimfortsetzung »und hinterher Vino«) oder das Duett *Hast du wirklich …*, eine Coverversion des auch von Nancy Sinatra & Lee Hazlewood gesungenen *Did You Ever?*. An Gaby Bergers Seite wurde dafür ihr Kollege Bernd Apitz gestellt, und als Gaby & Bernd sangen sie das von Fred Jay ins Deutsche gebrachte Duett, das so tut, als habe die Frau »wirklich« Anstößiges begangen, bis sich am Ende herausstellt, dass sie regelmäßig zum Bowling geht. Auffällig wurde das charmante Lied nicht, und so blieben Gaby & Bernd Eintagsfliegen.

1974 endete Bergers Plattenkarriere abrupt. Ausgerechnet zur Fußball-WM kamen Ralph Siegel und Michael Kunze, nicht die Unbekanntesten ihrer Zunft, auf die Idee, Gaby Berger mit *Warum grad ein Fußballspieler* auf den Rasen zu schicken, mit einem Lied, das man – sagen wir es offen – getrost vergessen kann. Ein »Töchterlein«

ignoriert den Rat seiner Mutter und lässt sich auf eine Liaison mit einem Fußballspieler ein: »Warum grad ein Fußballspieler, / der doch nie zu Hause ist / und der schon am nächsten Sonntag / wieder eine andre küsst«. Auf Gegenliebe auf der Gegengeraden stieß das nicht, was man dem Publikum nicht vorwerfen sollte.

Danach war von Gaby Berger nichts mehr zu hören und zu lesen. Sie sei, heißt es, »in einen bürgerlichen Beruf« gegangen – eine dürftige Auskunft. Offensichtlich ist sie aber ihrer Heimat am Bodensee treu geblieben. 2001 legte sie wieder eine CD auf – *Manchmal träumen die Sterne* –, wohl in sehr kleiner Auflage, denn im Internet wird sie heute für 124 Euro angeboten. 2004 folgte eine Kuriosität der besonderen Art, Gaby Bergers Dance-Mix-Aufnahme der *Fischerin vom Bodensee*, einer quasi zum werbeträchtigen Volkslied gewordenen Komposition von 1948 des Österreichers Franz Winkler. 1956 folgte ein gleichnamiger Heimatfilm von Harald Reinl. Gaby Bergers Eltern haben ihn damals sicher gesehen.

Platz 11

Pe Werner
KRIBBELN IM BAUCH
(Musik und Text: Pe Werner)

Das sind unvergessene Augenblicke. Sein Taschengeld in die Hand nehmen, am Schulkiosk oder im Freibad ein Tütchen Brausepulver – Zitrone oder Orange vielleicht – zu erstehen und mit geschlossenen Augen zu genießen, wenn das Pulver auf der Zunge dieses unvergleichliche Zischen oder Kribbeln hervorruft. Ahoj-Brause hieß das Produkt der Stuttgarter Firma Frigeo, das Generationen von Schülerinnen und Schülern solche Glücksgefühle bescherte, ob als Pulver, Brocken oder Stange.

In der Weltliteratur ist die Brause in Günter Grass' *Die Blechtrommel* zu Ehren gekommen. In der Hand einer der Romanfiguren, Maria, entfacht das mit Speichel angereicherte Pulver – Waldmeister in diesem Fall – einen wahren Vulkan, der bald erotische Folgen zeitigt. Im Schlager spielen die Frigeo-Produkte keine signifikante Rolle, mit einer großen Ausnahme: in Pe Werners *Kribbeln im Bauch* (1991), das mit denkwürdigen Versen einsetzt: »Dieses Kribbeln im Bauch, das man nie mehr vergisst, /

als ob da im Magen der Teufel los ist. / Dieses Kribbeln im Bauch / kennst du doch auch, wenn man glaubt, / fast überzuschäumen vor Glück«.

1960 in Heidelberg geboren, wuchs Pe Werner (kein Pseudonym, der Vorname!) in Rimbach im Odenwald auf. Nach dem Abitur trat sie im Raum Heidelberg/ Mannheim auf Kleinkunstbühnen auf und lernte gleichzeitig etwas »Anständiges«. Sie absolvierte mit Bravour eine Lehre als Friseurin und arbeitete in einem Stuttgarter Salon. Ein Demoband mit zwei Liedern brachte ihr ungewöhnlicherweise einen Plattenvertrag über vier Langspielplatten ein, deren erste, *Weibsbilder* (1989), gleich ein respektabler Erfolg wurde. Von den Erträgen ihres gut ausgestatteten Plattenvertrags gönnte sich Pe Werner ein bisschen Luxus und erfüllte sich einen lang gehegten Traum: die Anschaffung eines Cabrios, genauer: eines quietschgelben Peugeot-308-Cabrios.

Zwei Jahre später schrieb Pe Werner das Lied, das zu ihrem Dauerbrenner wurde und auf keinem ihrer Konzerte fehlen darf: *Kribbeln im Bauch*. Entstanden ist es, wie sie in einem Rundfunkinterview erinnerte, in einer halben Stunde, auf dem dunkelbraunen Veloursteppich ihrer ebenso dunklen Stuttgarter Wohnung. Sowohl die Single als auch die gleichnamige LP erreichten die TOP 20 der Charts und machten die ungewöhnliche Songwriterin endgültig bekannt.

Das klug getextete Brauselied im Sechsachteltakt berührte die Menschen auf besondere Weise, rief ein

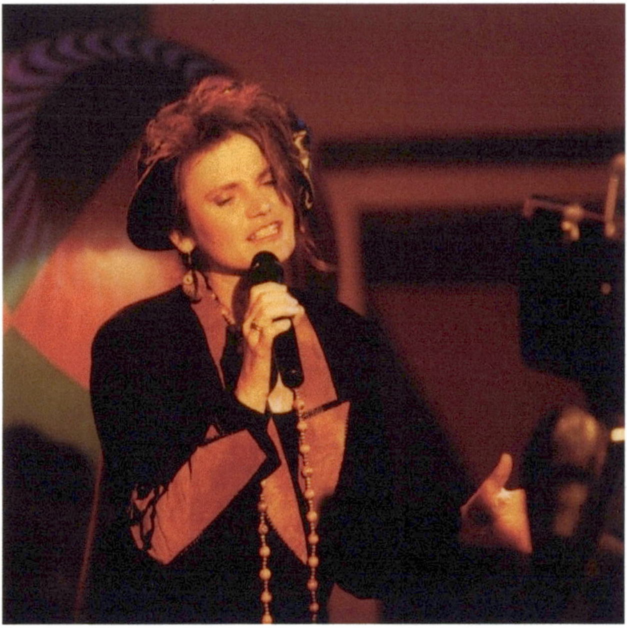

Gefühl hervor, das viele mit dem eigenen Liebesleben in Verbindung brachten. Allerdings ist *Kribbeln im Bauch* ihr vielleicht am häufigsten missverstandenes Lied. Wie manche Udo Jürgens' *Merci Chérie* für ein schönes, etwas trauriges Liebeslied halten, während es in Wahrheit davon handelt, dass ein Mann von einer Frau genug hat und sie aufs Schnödeste abserviert, geht es bei Pe Werner nicht darum, das famose Brausekribbeln einer frischen Liebe zu beschreiben.

Nein, es handelt von einem Paar, dem die Liebe im Lauf der Jahre abhandengekommen ist. Abgestanden und schal dümpelt sie vor sich hin; der »Gewohnheitsstiefel« des Alltags hat die aufregenden Gefühle zerstört; da kribbelt nichts mehr, da schäumt nichts mehr. Und dennoch bleibt die wehmütige Erinnerung daran und die kleine Hoffnung – »Dieses Kribbeln im Bauch / vermisst du doch auch« –, das Steuer noch einmal herumzureißen und das Brausefeeling zurückzubekommen.

Pe Werner widerstand damals der Versuchung, dem Kribbelsong Vergleichbares hinterherzuschicken, der Wiedererkennbarkeit im Markt zuliebe. Sie sei eine »Kommode mit vielen Schubladen«, und so legte sie fortan sehr unterschiedliche Alben vor, die belegten, dass das One-Hit-Wonder-Etikett für sie gänzlich unpassend ist. Sie erhielt zahlreiche Auszeichnungen, veröffentlichte über zwanzig Alben, zuletzt 2024 *Vitamin Pe*, und sie schrieb Lieder für Kollegen wie Mireille Mathieu, Barbara Schöneberger, Roger Whittaker, Milva, Mary Roos und Carolin Fortenbacher, deren *Hinterm Ozean* 2008 um ein Haar der deutsche ESC-Beitrag geworden wäre. Stattdessen führte das enge Voting zu einem krassen Fehlurteil: Statt Fortenbacher/Werner wurden die No Angels zum ESC nach Belgrad geschickt und kamen verdientermaßen auf den drittletzten Platz.

Pe Werner schrieb Bücher, eines mit dem bezeichnenden Titel *Mehr als Kribbeln im Bauch* (2002). 2022 war sie Co-Autorin von Mary Roos' Autobiografie *Aufrecht geh'n*. Und sie hat eine Playlist mit nicht wenigen eindringlichen, leisen Liedern, die mit ihrer austarierten Verschmelzung von Musik und Text nachklingen: *Trostpflastersteine*, *Segler aus Papier* oder *Lebkuchenherz* fielen mir als Erstes ein.

Und ja, demnächst gehe ich endlich wieder ins Freibad, vielleicht zum Wohltorfer Tonteich, und verlange an der kleinen Bude nach drei Tüten Brausepulver. Schließlich kann es im Magen nie genug kribbeln vor Glück.

Platz 10

Nino de Angelo
JENSEITS VON EDEN
(Musik: Chris Evans und Drafi Deutscher;
Text: Joachim Horn-Bernges)

Lassen Sie uns in der Vergangenheit bleiben. Wir haben weder Zeit noch Platz, um die schillernde Karriere des Nino de Angelo, seine Auf- und Abstiege und sein turbulentes, für die Boulevardmedien stets interessantes Privatleben mit einer unübersichtlichen Zahl von Partnerinnen, schweren Erkrankungen und Drogenproblemen auch nur ansatzweise nachzuzeichnen. Wir empfehlen stattdessen die Lektüre seiner 2021 erschienenen Autobiografie *Gesegnet und verflucht. Dein Gegner bist immer du selbst*, die zudem – das mag für den einen oder die andere interessant sein – die »10 wichtigsten Tipps, um nicht vor die Hunde zu gehen« enthält.

Konzentrieren wir uns auf das Jahr 1983, als dem 1963 in Karlsruhe als Domenico Gerhard Gorgoglione geborenen Nino de Angelo der Coup seines Lebens gelang. Bereits ein Jahr zuvor hatte er mit *Ich sterbe nicht nochmal* von sich hören lassen. 1983 erhielt di Angelo den Zuschlag, die deutsche Fassung eines »big shots« aus demselben Jahr einzusingen. Chris Evans und Drafi Deutscher, der sich gern hinter Pseudonymen, diesmal Kurt Gebegern, versteckte, hatten *Guardian Angel* geschrieben, einen Hit für das fiktive Duo Masquerade, der in den deutschsprachigen Ländern, aber auch in Schweden oder Neuseeland, die Ohren im Sturm eroberte. Der mehrstimmig klingende Song war von Drafi Deutscher im Studio allein aufgenommen worden.

Guardian Angel mit seiner hochdramatisch-gewichtigen, instrumental wuchtig aufgemotzten Melodie – wir sind in der Jennifer-Rush-Ära – ist ein emotional aufwühlendes Lied über eine verlorene Liebe, einen verlorenen Schutzengels (»I feel I'm falling apart / 'cause I know I've lost my guardian angel«). Die deutsche Fassung, geschrieben von Joachim Horn-Bernges, nahm darauf keine Rücksicht und schlug einen anderen Weg ein, der dem Zeitgeistwind der frühen Achtziger folgte.

Man erinnert sich: Es war die Zeit des Kanzlerwechsels von Helmut Schmidt zu Helmut Kohl, des Einzugs der Grünen in die Parlamente, des Waldsterbens, der Nachrüstungsdebatte, der Pershing-2-Raketen und der großen Friedensdemonstrationen. Der Schlager, nicht unbedingt der Kapitalismuskritik verdächtig, griff diese Ängste überraschend schnell auf, etwa in Nicoles Grand-Prix-Siegertitel *Ein bisschen Frieden* oder Hans Hartz' Reibeisensong *Die weißen Tauben sind müde*.

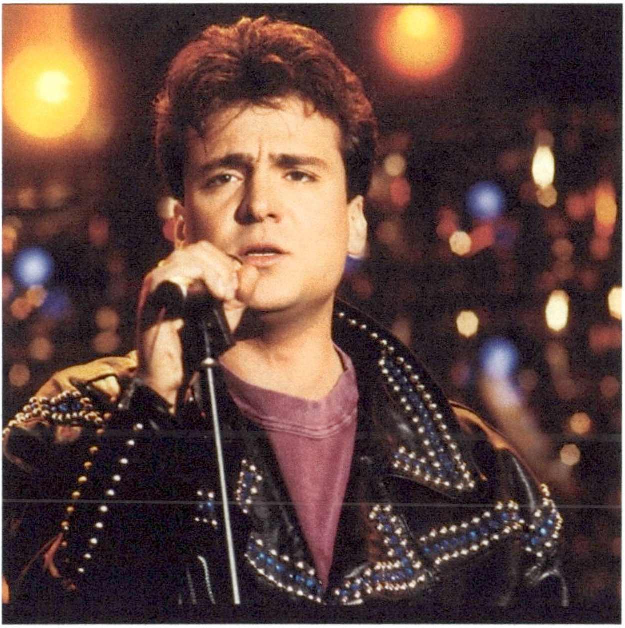

Schon die erste Strophe von *Jenseits von Eden*, intoniert in einer Mittellage aus Empörung und Trotz, greift dieses Gedankengut auf: »Wenn selbst ein Kind nicht mehr lacht wie ein Kind, / dann sind wir jenseits von Eden. / Wenn wir nicht fühlen / die Erde, sie weint / wie kein andrer Planet, / dann haben wir umsonst gelebt«. Der ökologisch bewegte Auftakt verwässert allerdings im Lauf der folgenden drei Minuten. Der Text kreist mehr und mehr um die Klage über fehlende echte Liebe (»Wenn man für Liebe bezahlen muss, / nur um einmal zärtlich zu sein, / dann haben wir umsonst gelebt …«), sodass die weinende Erde und die Grenzen des Wachstums eher als Teil einer generellen Weltkälte gesehen werden.

Der Garten Eden, das irdische Paradies, in dem Adam und Eva nicht bleiben durften, scheint auf immer und ewig verloren; die Schuld des Menschen, sein Sündenfall, ist nicht zu leugnen. Apropos Eden: Nino de Angelo trat zwar nicht im tristen Jutejäckchen auf, doch sein traurig umflorter Gesichtsausdruck signalisierte ein schwarz gelocktes Rebellentum, das natürlich auf den früh verstorbenen Schauspieler James Dean und Elia Kazans John-Steinbeck-Verfilmung *Jenseits von Eden* (1955) anspielte.

Nino de Angelo, der James Dean des Schlagers, erreichte damit in Deutschland, Österreich und der Schweiz Platz 1 der Charts, und die Verkaufszahlen schnellten so in die Höhe, dass man für eine Weile nicht an den Niedergang des deutschen Schlagers glauben wollte.

Wenngleich *Jenseits von Eden* nicht für sich beanspruchen darf, der erste Ökohit gewesen zu sein – dieser Ehrentitel gebührt wohl Alexandras *Mein Freund der Baum* (1968), jenem elegischen Chanson, dessen Sängerin schmerzvoll mit ansehen muss, wie der Baum, der »Freund aus alten Kindertagen«, im »frühen Morgenrot« gefällt und einem »Haus aus Glas und Stein« geopfert wird.

Jenseits von Eden, von Nino de Angelo auch auf Italienisch gesungen, wurde oft gecovert, besonders ergreifend von Vicky Leandros mit *A l'Est d'Éden*, und lud ebenso oft zu Parodien ein. Mike Krügers Trinkerlied *Jenseits vom Tresen* sei da genannt. Noch besser gefällt mir die Verulkung durch die Rundfunkmoderatorin und Kabarettistin Sabine Bulthaup, die sich Uschi nannte und mit *Jenseits von Schweden* auf andere Weise zum Nachdenken anregte: »Und wenn ein Rentier nicht mehr rennt wie ein Tier, / dann sind wir jenseits von Schweden«. 2003 trat Bulthaup als Referentin in die Niedersächsische Staatskanzlei ein, falls das jemanden interessiert.

Ach ja, noch ein Wort zu Nino de Angelo, obwohl wir uns ja auf 1983 fokussieren wollten: Angesichts seiner vielen biografischen Abstürze verdient sein Wille zum Comeback, seine Stehaufmännchenhaltung, Hochachtung. 1989 vertrat er mit *Flieger* (Musik: Dieter Bohlen; Text: Joachim Horn-Bernges) Deutschland beim ESC, erreichte dort Platz 14 und in den Charts Platz 13. Und niemand hätte ihm wohl zugetraut, dass er 2021 und 2023 mit zwei Alben noch einmal unter die TOP 5 käme.

Platz 9

Adam & Eve

WENN DIE SONNE ERWACHT IN DEN BERGEN

(Musik: Larry Vincent; Text: Harry Pease, Lucille Starr und Stephan Lego)

Manche Lieder haben eine komplexe Geschichte, und manchmal daucrt cs schr langc, bis sie ins Deutsche gelangen und zu Hitparadenehren kommen. 1936/37 nahmen sowohl eine amerikanische als auch eine englische Band einen von Larry Vincent komponierten und von Harry Pease getexteten Song auf, einen Foxtrott, der zum Tanzen einlud. Roy Fox and His Orchestra und Geraldo and His Orchestra veröffentlichten damals das reich instrumentierte *When The Sun Says »Goodnight« To The Mountains*. 1937 folgten die Comedy Harmonists, eine der Nachfolgegruppen der Comedian Harmonists, mit ihrer Version, und im selben Jahr war die erste deutsche Version zu hören: Theo Heldt und sein Orchester nahmen mit dem damals populären Sänger Paul Dorn das von Franz L. Berthold getextete *Vagabund sein im Land der Liebe* auf.

Danach verschwand das Lied in den Schallarchiven und erlebte erst 1964 ein staunenswertes Comeback: Die kanadische Countrysängerin Lucille Starr (1938–2020) fügte dem englischen Text eine französische Strophe hinzu, die zum Untertitel ihrer Aufnahme wurde: *Quand le soleil dit bonjour aux montagnes*. Bekannt wurde das von Herb Alpert arrangierte Lied, das Starr in apartem kanadofranzösischem Akzent mit rollendem »r« vortrug, unter dem leicht rätselhaften Titel *The French Song*; es gelangte in den USA und in Deutschland in die Charts, was zur zweiten deutschen Version führte: Die Niederländerin Corry Brokken sang das von Walter Rauthmann getextete *Gib mir die Hand*, das mit der Welt der »mountains« gar nichts zu tun hatte. Großen Nachhall fand diese B-Seite von *La mamma*, dem nach *Milord* größten Erfolg Brokkens in Deutschland, nicht. Seinen Durchbruch hierzulande hatte das Lied erst sieben Jahre später, als Rex Gildo und Adam & Eve sich in die Berge aufmachten. Erich Offierowski alias Stephan Lego hatte deutschsprachige Strophen dazugedichtet, sodass das Lied nun unter *Wenn die Sonne erwacht in den Bergen* firmierte.

Während Rex Gildo, der damals noch nicht auf die Hossa-Hossa-Fröhlichkeit festgelegt war, Deutsch und Englisch sang, gingen Adam & Eve in die Vollen und fügten Lucille Starrs französische Übertragung hinzu. Mit den Überleitungen »Now, let's all try in English« und »Et maintenant en français« wurde der wohl polyglotteste deutsche Schlager zusammengehalten.

Hinter Adam & Eve, dem biblischen Duo, verbargen sich die 1938 in Böhmen geborene Eva Bartova und der acht Jahr jüngere, aus Stuttgart stammende Hartmut Schairer. Dieser läuft in der Schlagerforschung als Adam 2 (»Der Blonde«), da vor ihm Eva »Eve« Bartova bereits mit dem aus Buffalo kommenden John Christian Dee als Adam & Eve auftrat. Dee ist, Sie vermuten richtig, folglich Adam 1 (»Der Dunkelhaarige«). Das böhmisch-amerikanische Duo, das seit Mitte der 1960er-Jahre ein paar englische Platten aufgenommen hatte, ging bald getrennte Wege, und Hartmut Schairer nahm Dees Platz ein.

Fortan waren Adam & Eve, die nach Cindy & Bert und Nina & Mike die Bronzemedaille unter den deutschen Gesangspaaren jener Jahre für sich reklamieren dürfen, fester Bestandteil des Geschäfts – als ein Kunstprodukt, das blonder gefärbt war als Ingrid Steeger in *Klimbim* und schlafwandlerisch sicher mit allem, was sie sangen, auf die musikalische Schleimspur einbogen. (Über Adams eng anliegende Haarwellen, die selbst in den Fußballstadien der Zeit kaum Nachahmer fanden, wollen wir lieber nicht sprechen.)

So ist Adam & Eves – auf Platz 27 der Charts gekletterte – Version von *Wenn die Sonne erwacht in den Bergen* ohne Zweifel eine besonders klebrige, als wäre sie mit Zuckergussladungen überschüttet worden. Zudem tut die Plattenfassung so, als handelte es sich um eine Liveaufnahme, und blendet künstliche Applauswogen ein, die vielleicht dazu beitragen sollten, Adam & Eves nicht sehr glorreichen Kämpfe mit dem Englischen und Französischen zu kaschieren.

Stephan Legos deutscher Part nimmt am Original kräftige Veränderungen vor. Schon Lucille Starr hatte ja aus dem »goodnight« ein »bonjour« gemacht, und während es auf Englisch so klang: »When the sun says goodnight to the mountain, / and the gold of the day meets the blue, / in my dream I'm alone on the mountain, / with a heart that keeps calling for you«, singen Adam & Eve: »Wenn die Sonne erwacht in den Bergen, / und der Mond sagt der Erde ›Good-bye‹, / flieh'n die Schatten der Nacht vor dem Morgen, / neues Licht macht die Welt wieder frei.« Die Inhalte der drei Sprachversionen weichen übrigens stark voneinander ab. Wer Englisch und Französisch mit diesem Lied lernen möchte, ist falsch gewickelt.

Durch seine Bergassoziationen bot sich das nun endlich durchgesetzte Lied dafür an, von der Volksmusik okkupiert zu werden. Andy Borg und (der ebenfalls recht blonde und ebenfalls nicht fremdsprachenaffine) Hansi Hinterseer konnten folglich der Versuchung nicht widerstehen, das sonnenaufgangsdurchleuchtete Alpenlied einzusingen. Nötig wäre das nicht gewesen. Da hören wir uns lieber die seltene Aufnahme des *French Songs* von Renate Kern an oder – noch feiner – Dalidas *Le soleil et la montagne* (auch mit rollendem »r«), dessen Texter Eddy Marnay eine andere Route zum Gipfel einschlägt

(»Quand le soleil vient frôler la montagne …«). Man sieht: Stoff genug gibt dieses Lied her für komparatistische Master- oder Doktorarbeiten.

Und was wurde aus Adam & Eve? Sie hatten noch den einen oder anderen Erfolg, darunter vor allem das wiederum kunsthonigtriefende *Du gehst fort* (Text: Eckart Hachfeld), eine Adaption des französischen Hits *Tu t'en vas* von Alain Barrière und Noëlle Cordier. Hätte ich die Wahl, würde ich mir statt Adam & Eves lieber die Aufnahmen von Ireen Sheer und Bernhard Brink oder Marion Maerz und Peter Orloff anhören. Oder den französisch gesungenen DDR-Import von Hauff & Henkler.

Die 1972 geschlossene Ehe der Schairers hielt zehn Jahre. Danach ging Eva in die USA, wo sie 1989 starb. Hartmut »Harry« Schairer, der am Konservatorium in Stuttgart studiert hatte, blieb erfolgreich im Geschäft, als Komponist und Produzent, unter anderem für Claudia Jung, Kristina Bach, Fernando Express und Heike Schäfer.

Zuletzt noch ein Tipp für Hartgesottene: In den Tiefen des Internets findet sich ein nun von drei Stimmen vorgetragenes *Wenn die Sonne erwacht in den Bergen*. Adam 2, Gaby Baginsky und Claudia Jung taten es 2020, in einem Berliner Hotel.

Platz 8

Andrea Berg
DU HAST MICH TAUSENDMAL BELOGEN

(Musik: Eugen Römer; Text: Irma Holder und Andrea Berg)

Davon war schon die Rede. Vom Niedergang des Schlagers Anfang der 1980er-Jahre, als der angloamerikanische Pop die Charts besetzte und die Neue Deutsche Welle sich über die Schlagerergüsse lustig machte. Während die Veteranen der Zunft vergessen wurden oder allenfalls bei Baumarkteröffnungen und 100-Jahre-Sparkasse-Remscheid-Feiern auftreten durften, trotzten wenige diesem Trend und feierten Erfolge. Zu ihnen gehörte die 1966 in Krefeld als Andrea Zeller geborene Andrea Berg, die, bis Helene Fischer kam, zu den kommerziell erfolgreichsten Unterhaltungskünstlern in Deutschland zählte. Ihre Auszeichnungen sind kaum zu überblicken, und ihr *Best of*-Album von 2001 hielt sich so lange in den Charts, dass die Beatles oder Pink Floyd vor Neid erblasst wären.

Die von Eugen Römer entdeckte gelernte Arzthelferin präsentierte sich von Anfang an als Frau, die wusste, dass im Leben nicht alles eitel Sonnenschein ist. Sie gab sich als Schicksalsgeprüfte, die vom Verlassenwerden, vom männlichen Treuebruch und von Ängsten zu erzählen weiß. Ihr Publikum, das oft aus ebenso schicksalsgeprüften Drogeriefachverkäuferinnen zu bestehen scheint, hat Lebenserfahrung genug, um zu wissen, wovon Andrea Berg singt. Geteiltes Leid ist halbes Leid.

Warum ausgerechnet Andrea Berg so viele Triumphe einheimste, ist nicht leicht zu erklären. Denn das Berg-Gesamtpaket setzt sich aus mehreren Elementen zusammen, die belegen, dass es keiner herausragenden Qualifikationen bedarf, um zur Identifikationsfigur der populären Kultur zu werden. Bergs fragile Stimme hat nichts Herausragendes, allenfalls Unverwechselbares an sich. Ihr Repertoire an körperlichen Ausdrucksformen ist limitiert und besteht aus immer gleichen Handbewegungen und Bühnensprints. So bleibt an Außergewöhnlichem vor allem ihr legendäres Outfit. Hohe Stiefel, kurzer Rock und straffe Korsage sind seit jeher Berg'sche Markenzeichen und geben allen Damen jenseits der vierzig Anregung, was man bei den kommenden Harley-Davidson-Tagen tragen könnte. Eine Nana Mouskouri hätte in einem solchen Ensemble nicht einmal die Hochzeitsnacht verbracht.

Dem Schwabenland ist Berg seit Langem verbunden. Sie lebt mit ihrem Mann Ulrich Ferber, einem Hotelier aus Traditionsfamilie und Fußballspielerberater, im württembergischen Kleinaspach. Ihre Freizeit verbringt sie gern im Schweinestall, was »authentisch« wirken soll – höchste Tugend im auf Außendarstellung

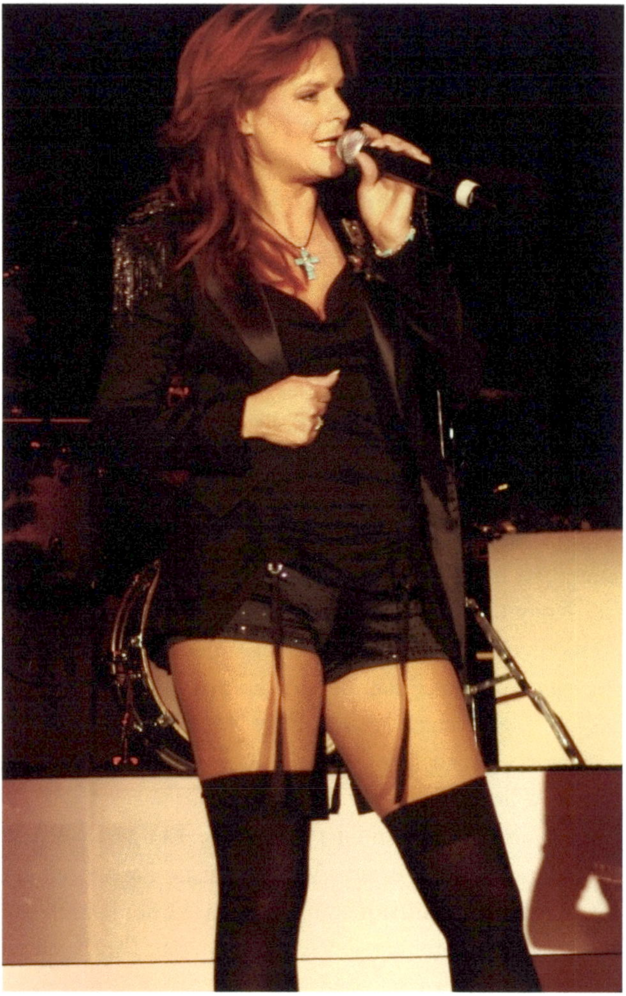

bedachten Medienzeitalter. »Echt rüberkommen« und sich den Ruf einer nicht abgehobenen Künstlerin zum Anfassen bewahren, darum geht es. Im Erlebnishotel Sonnenhof der Familie gibt Gastgeberin Andrea Berg alljährlich Open-Air-Konzerte, die für ihre Fans zu Pilgerfahrten werden. Uli Ferbers Sohn ist mit Vanessa Mai (siehe Platz 29) verheiratet; so kann gemeinsam im Stall geprobt werden.

In ihren Konzerten gibt Berg, die keine geborene Entertainerin ist, zwischen den Songs gern Liebesplattitüden von sich. Ihre Lieder selbst sind bisweilen schlauer, und so weist ihr Repertoire schon heute Klassiker auf wie *Die Gefühle haben Schweigepflicht* oder *Ich sterbe nicht noch mal,* die selbstbewusste Frauen zeigen: »Glaub mir, ich sterbe nicht noch mal, / du, ich brauch dich nicht, / wohin du gehst, ist mir egal«. Wo die Scheidungsquoten permanent steigen und manche Berg-Konzerte im Lauf der Jahre mit wechselnden Lebensabschnittspartnern besucht haben, darf die Heile-Welt-Fassade nicht zu dick aufgetragen sein.

In diese Schublade gehört *Du hast mich tausendmal belogen* (2001), das Erfahrungen ausspricht, die Bergs Geschlechtsgenossinnen offenkundig gut kennen. Bei keinem ihrer Lieder singen sie so inbrünstig mit. Der Text aus der Feder von Andrea Berg und der Allroundwaffe Irma Holder ist freilich kein Lied weiblicher Auflehnung. Gewiss, schmerzlich wird beklagt, dass auf den Geliebten kein rechter Verlass war: »Du hast mich tausendmal belogen, / du hast mich tausendmal verletzt. / Ich bin mit dir so hoch geflogen, / doch der Himmel war besetzt«.

Leicht zu verstehen ist das nicht. Warum und von wem ist der Himmel »besetzt«? Von einer anderen, irgendeinem Flittchen aus Großbottwar? Wurden die Flügel der Liebe von seiner Lügenhaftigkeit gestutzt? Hat Petrus am Himmelstor deshalb den Einlass verwehrt? Wir wissen es nicht, und lange hält sich Andrea Berg damit auch nicht auf. Das Vertrackte an diesem Lied ist, dass der notorische Lügner und Verletzer, der »frei« und nicht eingefangen sein will, eine Art Absolution erhält. Denn für die gequälte Frau ist es »Liebe pur«; ihr Fazit lautet deshalb: »Ich würd' es wieder tun mit dir heute Nacht.«

Unklar ist überdies, ob der um jeden Preis Geliebte überhaupt noch vor Ort ist. Hat er sich nicht längst vom Acker gemacht? Ist das alles eine Erzählung im Rückblick? Wir vermuten es: »Suche deine Hand, such nach dir. / Manchmal in der Nacht fehlst du mir. / Wer nimmt mich wie du in den Arm, / wem erzähl ich dann meinen Traum?«

Was immer er getan hat, gegen pure Liebe ist auch in der Rückschau kein Kraut gewachsen. Heute nennt man das »toxische Beziehung«.

Platz 7

Hubert Kah
STERNENHIMMEL

(Musik: Hubert Kemmler und Ulrich Herter;
Text: Hubert Kemmler und Claus Zundel)

Der Stern gehört zum Grundwortschatz der empfindsamen Literatur und des von Hause aus eher empfindsamen Schlagers. *Weißt du, wie viel Sternlein stehen* lautet ein beliebtes Volkslied aus dem frühen 18. Jahrhundert, und schon ein paar Jahrzehnte davor schrieb Matthias Claudius sein *Abendlied*, in dem die »goldnen Sterne« am Himmel prangen.

Da Sterne so schön leuchten und glänzen, da sie irgendwie an die Unendlichkeit gemahnen und Sehnsucht befördern, wissen die Schlagertexter um das Potenzial dieses Wortfeldes. Ob in Rudi Schurickes *Stern über Rio*, in Katja Ebsteins *Stern von Mykonos* oder – von mir aus – in Nik P.s *Ein Stern der deinen Namen trägt*, an liebesgetränkten Sternstunden mangelt es nicht.

Hubert Kah, als Hubert Kemmler 1961 in Reutlingen geboren, konnte also auf vertraute Motive zurückgreifen, als er im Herbst 1982 der Neuen Deutschen Welle seinen *Sternenhimmel* bescherte. Bereits ein halbes Jahr zuvor hatte er mit der Debütsingle *Rosemarie* reüssiert, doch zu seinem Dauerbrenner und Partyhit wurde erst *Sternenhimmel*, der sich bis auf Platz 2 der Charts schob.

Das eher textarme, mit vielen »ohs« und »la, las« arbeitende Lied lebt vor allem von seinem leicht nachzuschmetternden Refrain: »Ich seh den Sternenhimmel / Sternenhimmel / Sternenhimmel, oh oh. / Ich seh Sternenhimmel / Sternenhimmel / Sternenhimmel, oh oh«, der sich leicht zu einer Endlosschleife ausweiten lässt. Um den logisch nicht immer konsistenten Liedinhalt nachzuerzählen, braucht es nicht viel Zeit und Intelligenz: Ein verliebtes Paar befindet sich in der abendlichen Südsee, spricht den »guten Mond« an und erfreut sich am Sternenhimmel. Merkwürdiger- und überraschenderweise tut sich dann jedoch ein Missstand auf, dessen Herkunft im Dunkeln bleibt: »Doch in meinem kleinen Herz / spür ich diesen tiefen Schmerz«. Um diesen zu überwinden, werden die Sterne um Beistand gebeten (»lasst mich nicht allein«). Danach löst sich alles in Wohlgefallen auf, und vermutlich stehen die beiden da noch immer und vertreiben sich vielleicht die Zeit damit, nach »Perlen der Südsee«, die Connie Francis einst besang, zu suchen.

Ernst zu nehmen braucht man das nicht, und man soll es auch nicht ernst nehmen. Zur Methode der Neuen Deutschen Welle gehörte es, um Originalität einen großen Bogen zu machen und mit Versatzstücken des Schlagers zu arbeiten. So finden sich in *Sternenhimmel* Reimpaare, die eigentlich längst auf der schwarzen Liste standen, aber mit postmoderner Ironie wieder möglich wurden: »Herz/Schmerz«, »Triebe/Liebe«. Gleichzeitig greift man in den Zitatenfundus, spielt mit »Oh, komm Czigan« an auf Emmerich Kálmáns gleichnamiges Lied aus der Operette *Gräfin Mariza* und mit »Kann denn Liebe Sünde sein?« auf Zarah Leanders gleichnamigen Filmschlager.

Berühmt wurde der Auftritt von Hubert Kah und seiner Band in der ZDF-Hitparade. Angesagt von einem sichtlich enervierten Dieter Thomas Heck, parodierten die vier herkömmliches Schlageroutfit. Einem Anzug wurden Engelsflügel aufgeklebt, und Hubert Kah trat im Nachthemd mit orangen (Gummi-?)Schuhen auf, als gelte es, eine Kindergeburtstagspyjamaparty zu feiern. Damit die Verulkung ja nicht missverstanden wurde, hielt der kurzbehoste Gitarrist Textschildchen mit den Schlüsselvokabeln Herz & Co. der Kamera entgegen. Kurzum, ein nicht unintelligenter Spaß, den nur die Schlagerhardcorefans nicht lustig fanden und sich heimlich nach Chris Roberts und Gitte zurücksehnten.

Ein vergleichbar erfolgreiches Lied glückte Hubert Kah in der Folge nicht mehr. Immer wieder von schweren Depressionen heimgesucht, verschwand er regelmäßig von der Bildfläche, ehe er sich in unterschiedlichen Konstellationen ebenso regelmäßig an Comebacks versuchte.

Dass er 2014 beziehungsweise 2016 an TV-Ramschformaten wie *Promi Big Brother* oder *Das Sommerhaus der Stars* teilnahm, notieren wir wehmütig, ja mitleidsvoll. »Die Melodie brauch ich zum Glücklichsein«, hieß es in *Sternenhimmel*. Drei Jahrzehnte später war von der in Reutlingen nichts mehr zu hören.

Platz 6

Matthias Reim

VERDAMMT, ICH LIEB' DICH

(Musik: Bernd Dietrich; Text: Matthias Reim)

Da brauchen wir nicht lange zu recherchieren. Das Wort »verdammt« erfreut sich zwar im deutschen Sprachalltag – zum Beispiel im Straßenverkehr – großer Beliebtheit. »Salopp abwertend«, heißt es im *Duden*, werde es verwendet, doch die angeführten Beispiele »So ein verdammter Mist« oder »Die verdammten Schweine haben mich belogen« signalisieren sofort, dass der gefühlsechte Schlager dafür nicht immer Verwendung hat.

Immerhin, es gibt *Verdamp lang her* der Kölner Band BAP, und in Truck Stops *Ich möcht' so gern Dave Dudley hör'n* ist von »verdammter Fahrerei« auf der Autobahn die Rede. Schlagersalonfähig wurde die Vokabel jedoch erst durch Matthias Reim, durch sein *Verdammt, ich lieb' dich* (1990), das zu einem Nummer-1-Hit wurde und sich – ein Rekord, der jahrzehntelang Bestand hatte – sechzehn Wochen hintereinander auf dieser Position hielt.

Für den 1957 im hessischen Korbach geborenen Reim war das Lied, nach eher bescheidenen Anfängen, sein

Durchbruch, ein Millionenseller. Wiederholen konnte er ihn nicht, doch Reims Alben sind bis heute erfolgreich, und nach und nach etablierte er sich als Schlagerlegende. Seine Wertschätzung hat auch damit zu tun, dass Reims Privatleben immer wieder in schwere See geriet. Dass er Millionenschulden anhäufte, Insolvenz anmelden musste und aus diesem tiefen Finanzloch dennoch wieder herauskletterte, war der Boulevardpresse viele Schlagzeilen wert.

Auch seine Erkrankungen und sein Liebesleben boten reichlich Diskussionsstoff. Sieben Kinder aus vier Ehen – darunter die ebenfalls in der Branche aktiven Julian und Marie Reim –, das muss man erst mal schaffen. Seine kurze Ehe mit Michelle (siehe Platz 17) war ein gefundenes Fressen nicht nur für die *Bild*-Zeitung; aktuell ist Reim mit seiner Kollegin Christin Stark verehelicht.

Wie Reim mit diesen Turbulenzen umging, wir offen er seine Schwächen und Fehltritte zugab, brachte ihm Sympathien ein. Das ist einer, dachten seine Fans anerkennend, der auch Scheiße baut und dazu steht. Reims wettergegerbtes Vielfaltengesicht spiegelt wider, dass sich dieser Mann nicht nur in der Komfortzone des Lebens aufgehalten hat. Der ironische Umgang damit zeigte sich in einem – ziemlich genialen – Werbefilm für den Autoverleiher Sixt. Inmitten seiner privaten Finanzdesaster dichtete Reim 2007 seinen Hit um: »Verdammt, ich hab nix, ich miet' bei Sixt. / Verdammt, ich brauch' nichts, es gibt ja Sixt. / Verdammt, ich will nicht, will wirklich nicht, / nicht noch mehr Geld verlier'n«. Im Video dazu sitzt

Reim in einem Mercedes-Cabrio, aus der Sixt-Flotte natürlich.

Dem Südwesten ist Reim seit Langem verbunden. 2012 zog er auf die Bodenseehalbinsel Mettnau, dann weiter nach Bodman-Ludwigshafen. Seit ein paar Jahren wohnt er mit Christin Stark und Kind Nummer sieben in Stockach. Seine Präsenz in der Region führte dazu, dass er 2019 in dem – nicht als cineastisches Meisterwerk geltenden – Film *Schatten über dem Bodensee* sich selbst in einer Nebenrolle spielte. Der *Südkurier* beurteilte den vor allem mit Landschaftsaufnahmen aufwartenden Krimi nicht freundlich: »Eine Vielzahl der Mitwirkenden sind offenkundig Laien, wobei zu ihrer Ehrenrettung nicht unerwähnt bleiben darf, dass die Unterschiede zwischen Amateuren und Profis hier kaum ins Gewicht fallen.«

Verdammt, ich lieb' dich ist ein trotziges Männerlied, das – wir zitieren das ergiebige Internet – die »Unsicherheit über die Liebe zu einer Frau zum Ausdruck bringt«. So kann man es sagen. Dem singenden Ich ist offenkundig seine Geliebte abhandengekommen. Warum, wird erst nach und nach deutlich: »So langsam fällt mir alles wieder ein, / ich wollt' doch nur 'n bisschen freier sein. / Jetzt bin ich's, oder nicht?« Der Freiheitsdrang des Mannes, der glaubt, nicht in die »heile Welt« seiner Gefährtin zu passen, führt, wie so oft, zu nichts Gutem. Als einsamer Wolf zieht er nächtens durch die Straßen, sitzt grummelnd am Tresen und ist von Eifersuchtsattacken gepackt. »Verdammt, ich lieb' dich«, so lautet seine späte

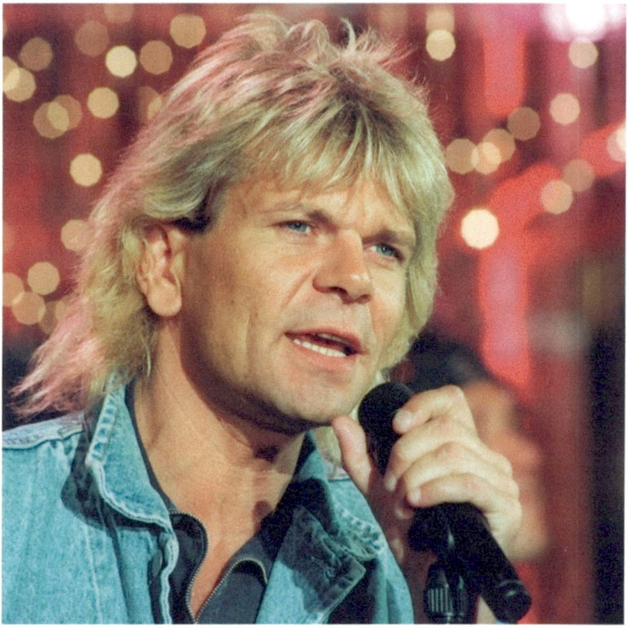

Erkenntnis. Howard Carpendale hätte das auch singen können.

Dass der Schlager seit Ende der 1970er-Jahre sein Frauenbild nach und nach veränderte, dezent feministische Töne anschlug – wir haben zum Beispiel Johanna von Koczians *Das bisschen Haushalt, sagt mein Mann* oder Juliane Werdings *Wenn du denkst, dann denkst du nur, du denkst* im Ohr – und das Land, so Ina Deter, »neue Männer« brauchte, ist bei Matthias Reim und seinem verärgerten Sanges-Ich noch nicht recht angekommen. Die alten Rollenbilder sitzen tief: »Sieben Bier, zu viel geraucht, / das ist es, was ein Mann so braucht«. Möglicherweise hat der Dauerbrennereffekt des Lieds auch mit der Trotzhaltung zu tun. Verunsicherte Männer fühlen sich gebauchpinselt, wenn sie in der Eckkneipe einer verlorenen Liebe nachjammern.

Noch ein Wort zum Wörtchen »verdammt«: Vielleicht hat Sänger und Texter Matthias Reim sich zu seinem mittlerweile fast sprichwörtlich gewordenen Refrain durch einen Song inspirieren lassen, der drei Jahre zuvor, 1987, in der DDR veröffentlicht wurde. *Verdammt* hieß er, getextet von Christian Heilburg und gesungen von dem 1943 in Rostock geborenen, gerne als »Roland Kaiser des Ostens« titulierten Wolfgang Ziegler. Er zählt zu dessen erfolgreichsten Liedern und war auch jenseits der Mauer oft zu hören. Zeilen wie »Jetzt, wo du weg bist, sollt' es mir gut gehen. / Wieso häng' ich dann so rum?« passen recht gut in die Reim'sche Gedankenwelt, und auch der

Refrain »Verdammt! / Und dann stehst du im Regen, / und niemand, der hält dir den Schirm, / und deine Seele, die erfriert. / Verrückt! / Ich kann ohne dich noch leben. / Dein Name brennt tief in mir drin, / doch ich tu' ganz ungerührt« klingt so, als hätte ihn Matthias Reim gern gehört.

Wenn es also um die Frage geht, wer den Fluch »verdammt« schlagerpopulär gemacht hat, wollen wir Wolfgang Ziegler und Christian Heilburg auf keinen Fall vergessen. Matthias Reim dürfte es verkraften.

Platz 5

Tony Marshall
KOMM GIB MIR DEINE HAND
(Musik und Text: Jack White)

An Prominenz mangelt es der Kulturgeschichte Baden-Badens nicht, doch wenn man nach dem populärsten Musiker fragt, den die Stadt hervorgebracht hat, gibt es keine zwei Antworten: Es ist zweifellos der 1938 als Herbert Anton Bloeth geborene Tony Marshall, nach dem folgerichtig schon zu Lebzeiten eine Straße im rentnerreichen Baden-Baden benannt wurde, der rund fünfhundert Meter lange, etwas abseitig gelegene Tony-Marshall-Weg.

Seine musikalische Laufbahn verlief nicht geradlinig und ist nicht frei von tragischen Zäsuren. Marshall absolvierte eine anständige Ausbildung zum Opernsänger und nahm anfänglich melodiöses Liedgut auf wie die deutschen Versionen von Christophes Trauerballade *Aline* oder Michel Polnareffs *Love Me, Please Love Me.* Mit diesen schönen Chansons freilich hatte er keinen Erfolg, und so wehrte er sich nicht lange, als Produzent Jack White ihn unter seine Fittiche nahm und ihn einem Hundertachtzig-Grad-Imagewandel unterzog – auch äußerlich, wie die frühen Plattencover zeigen, auf denen Marshall mit schütterem, gestriegelt glattem Haar wie ein existentialistisch angehauchter Versicherungsangestellter aussieht. Von seiner lockigen, pudelartigen Frisur mit langen Koteletten, der er im Alter mit Haarteilen auf die Sprünge half, ist da noch nichts zu ahnen.

Aus dem nachdenklichen Chansonnier wurde unter Jack Whites Führung der »Fröhlichmacher der Nation«, der das ihm aufgetragene schlichte Liedgut anfangs nur unter sedierendem Alkoholeinfluss vorzutragen vermochte. Den Anfang des Schreckens bildete *Schöne Maid* im Frühjahr 1971, und bereits ein halbes Jahr später wartete Marshall mit seinem ersten (und einzigen) Nummer-1-Hit auf: *Komm gib mir deine Hand*. Es folgte eine Vielzahl vergleichbarer Stimmungslieder, die das Publikum, so das Jack-White-Konzept, schon nach wenigen Takten zu kaum zu bändigenden Mitklatschorgien animieren sollten. Diese textlich selten originellen Erzeugnisse hießen *Ich fang für euch den Sonnenschein*; *Junge, die Welt ist schön*; *Tätärätätätätä* (mit dem Zweizeiler »Rums, rums, bums, bums, / jetzt sind wir unter uns«) oder *Bora Bora*, das dem Baden-Badener die Ehrenbürgerschaft der bis dahin wenig bekannten südpazifischen Insel einbrachte.

Auch im Marshall'schen Spätwerk wurde es nicht besser. Wir erinnern an *Ach, lass mich doch in deinem Wald der Oberförster sein*, an die Verse »Ich wünsch mir eine Autobahn, / auf der wir bis nach Malle fahr'n« oder an

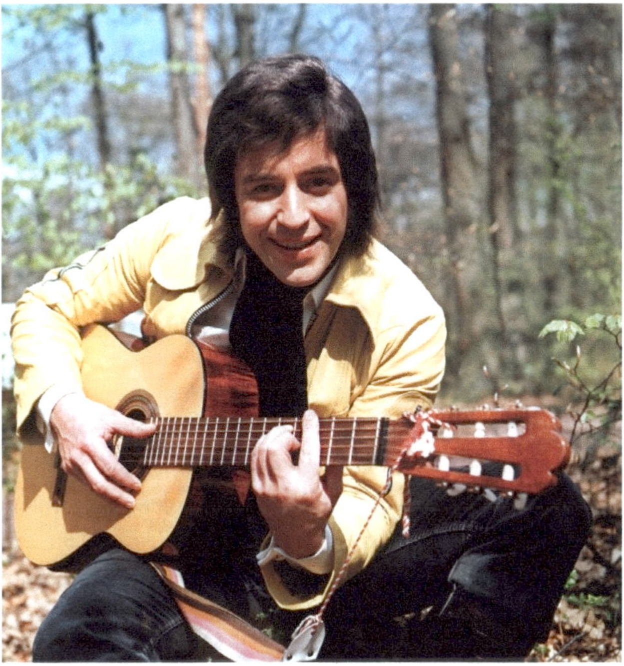

das Furcht einflößende Duett mit dem nicht minder gut gelaunten Roberto Blanco: *Resi bring Bier* hieß ihr Lied.

Komm gib mir deine Hand handelt von nicht misszuverstehenden, feuchtfröhlichen Freizeitbeschäftigungen: Da wird auf die Pauke gehauen und »Rabatz gemacht, solange bis die ganze Bude kracht«. Ein aktives Arbeitsleben kommt hier nicht vor, stattdessen geht es um Lebensgenuss, der vom Ärger der Welt ablenken soll: »Komm gib mir deine Hand, / denn heute feiern wir. / Wir sind so froh gelaunt / und haben allen Grund dafür«.

Tony Marshall hat seine Talente vergeudet und dafür viel Schmerzensgeld erhalten. Vielleicht ja wär alles anders gekommen, wenn Tony Marshall 1976 nicht gehöriges Pech gehabt hätte, wenn er – nachdem er mit dem überraschend feinfühlig-getragenen, von Detlef Petersen geschriebenen *Der Star* den deutschen Vorentscheid zum Grand Prix Eurovision de la Chanson gewonnen hatte – nicht nachträglich wegen eines Reglementverstoßes disqualifiziert worden wäre. Stattdessen fuhren die Les Humphries Singers mit dem scheußlichen *Sing Sang Song* zum Finale nach Den Haag und landeten verdientermaßen auf dem mickrigen 15. Platz. Tony Marshalls Versuch, aus dem Jack-White-Ghetto zu flüchten, misslang also. So blieb er bei seinen Leisten und schaffte es, zum unverkennbaren Musikclown zu werden.

Zuletzt kehrte er zu seinen Anfängen zurück und trat in Musicals wie *Anatevka* auf. Von Erkrankungen gezeichnet, starb Marshall in seiner Heimatstadt im

Februar 2023. Ein Jahr zuvor war er – ein denkwürdiges, wehmütiges stimmendes Konzert – mit seinen Söhnen Marc und Pascal aufgetreten. Als er mit diesen Cat Stevens' *Father And Sons* auf Deutsch sang, spürte man, was aus dem Fröhlichmacher hätte werden können.

Eine Bemerkung noch zu *Komm gib mir deine Hand*: Obschon Jack Whites Texte ohnehin nicht originalitätssüchtig sind, müssen wir festhalten, dass selbst der Titel nicht auf seinem Mist allein gewachsen ist. Denn schon 1964 hatten die Beatles ihr *I Want To Hold Your Hand* eingedeutscht – damals sahen sich ausländische Interpreten zu solchen Verrenkungen genötigt – und *Komm, gib mir deine Hand* aufgelegt, mit einem Text des legendären Camillo Felgen (als Jean Nicolas). Dieser enthielt Denkwürdiges wie »Oh, komm doch, komm zu mir, / du nimmst mir den Verstand. / Oh, komm doch, komm zu mir, / komm, gib mir deine Hand«. Anders als bei Tony Marshall und Jack White wies der Beatles-Titel das nach »Komm« unabkömmliche Komma auf. Auch er sprang auf Platz 1 der Charts. Vielleicht sollte man viel mehr Titel produzieren, die *Komm(,) gib mir deine Hand* heißen.

Platz 4

Stefan Waggershausen & Alice

ZU NAH AM FEUER

(Musik: Alice Visconti; Text: Stefan Waggershausen)

Weil wir gerade von den Beatles sprachen: Der 1949 in Friedrichshafen geborene Stefan Waggershausen weiß genau, was er den Pilzköpfen verdankt und wie diese sein Leben veränderten: »Ich habe mit 14 Jahren mein erstes Beatles-Lied im Radio gehört und mich entschieden, Musik machen zu wollen«, bekannte er in einem Interview.

Es blieb nicht bei dieser Absichtserklärung. Als Waggershausen nach dem in Ravensburg absolvierten Abitur nach Berlin ging, um Psychologie zu studieren, reichte ihm die akademische Nüchternheit der Hörsäle nicht aus. Er moderierte für Berliner Radiosender und unterschrieb 1974 seinen ersten Plattenvertrag; sechs Jahre später erregte er erstmals Aufmerksamkeit: *Hallo Engel* gelangte sowohl als Album als auch als Single in die Hitparaden.

Wenngleich er vor allem im darauffolgenden Jahrzehnt die Songs veröffentlichte, die die Menschen noch heute mit ihm verbinden, ist Waggershausen einer der vielseitigsten Sänger, Texter und Produzenten der deutschen Musikszene. Er ließ sich nie auf ein Genre festlegen, produzierte für Kollegen wie Daliah Lavi, Wolfgang Petry und Otto Waalkes, schrieb Kompositionen für TV-Serien und Filme und holte sich Inspirationen in Louisiana. 2019 erschien sein fünfzehntes Studioalbum *Aus der Zeit gefallen*.

Waggershausen war von Anfang ein Solitär im Geschäft. Er hatte es nicht nötig, sich von Coiffeuren oder Modedesignern ein hitparadentaugliches Outfit verpassen zu lassen. Wo immer er auftrat, wirkte der schlaksige, gut aussehende Mann cool, und wenn er sang, tat er so, als sei das eine Nebenbeschäftigung, der man nicht zu viel Aufmerksamkeit schenken sollte. Und wenn er beschloss, mit weiblicher Verstärkung auf die Bühne zu treten – daraus entstanden seine bekanntesten Songs –, konnte man sicher sein, dass es sich um ungewöhnliche Duette handelte.

1984 kam es so zu einer deutsch-italienischen Gemeinschaftsproduktion mit der fünf Jahre jüngeren Alice Visconti, die ihren Künstlernamen auf »Alice« verkürzt und 1981 beim Sanremo-Festival mit *Per Elisa*, das zu einem internationalen Hit wurde, gesiegt hatte. In Deutschland gewann sie ein Jahr später mit *Una notte speciale* weitere Fans. Hier die schwarzmähnige, rauchig singende und mit ihrer sinnlichen Ausstrahlung kokettierende Alice, die aussah wie eine Nachfahrin von Sophia Loren und Gina Lollobrigida, und da der nonchalante, lässige Stefan

Waggershausen – mehr könnte man von einem Popduo nicht verlangen. Neben den beiden wirkten Cindy & Bert oder Nina & Mike wie schüchterne Konfirmandenpärchen aus Bielefeld.

Zu nah am Feuer hieß die Koproduktion, die in Deutschland auf Platz 13 und in Österreich und der Schweiz gar auf Platz 1 der Charts hochrückte. Das Lied spielt mit dem im Schlager gern betretenen Themenfeld »Feuer – Glut – Hitze – Liebe«. Wo sich Leidenschaft breitmacht, da köchelt nichts auf Sparflamme, da geht es siedend heiß zu – ein Bogen, der sich von Ireen Sheers *Feuer* bis zu Helene Fischers *Feuer am Horizont* spannt.

Allerdings: Wo die Liebe sengende Hitze entwickelt, drohen Gefahren. Die Redewendung »mit dem Feuer spielen« deutet das an, und wer sich an Heinrich Hoffmanns *Struwwelpeter* und *Die gar traurige Geschichte mit dem Feuerzeug* erinnert, weiß, welche fatalen Folgen ein leichtfertiges Spiel mit dem Feuer(zeug) haben kann.

Schon der Titel *Zu nah am Feuer* signalisiert, dass Alice & Waggershausen um die Gefahren wissen. Ihr abwechselnd italienisch und deutsch gesungenes Lied hat metaphorisch einiges zu bieten: Es ist Nacht, Desperados sind unterwegs, ein Hauch von Freiheit (»un soffio di libertà«) ist zu spüren, ein Frauenkörper preist die »femminilità«, und zwei Liebende sind nicht nur »nah am Feuer«, sondern auch »nah am Tabu«. Eine verbotene, gefahrvolle Liebe also, nah am Abgrund gelebt, wo »falsi allarmi di felicità« ertönen? Wir wissen es nicht, und

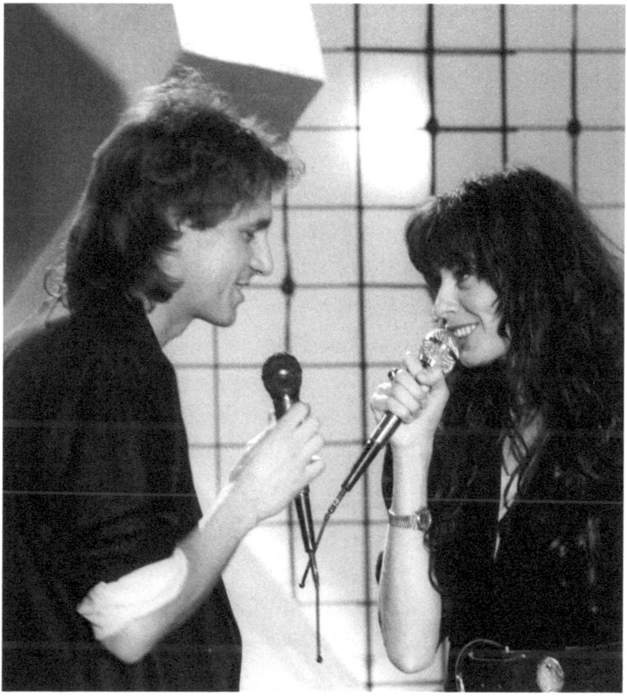

warum »torpedos« plötzlich durch dieses Lied sausen, versteht man weder auf Anhieb noch später – was aber letztlich egal ist: Denn *Zu nah am Feuer* klingt bedeutsam und aufregend, in keinem anderen mir bekannten Schlager finden sich Verse wie: »Ich bin ein dunkler Cherubim, / du die Sphinx im schwarzen Kleid. / Wir sind beide bereit …« Und nicht zuletzt: Titel und der Text selbst stehen in einem gewissen Widerspruch zueinander. Denn singend ist das Traumduo nie »zu nah«, sondern »so nah« am Feuer, was einen Unterschied macht.

Um diese rätselhafte Ballade angemessen zu würdigen, muss man sich das Video dazu auf YouTube ansehen. Die perfekte Inszenierung zeigt Alice & Waggershausen in einem düsteren Salon mit schweren Vorhängen, einem Kamin und brennenden Kerzen. Sich mechanisch bewegende Puppen sind zu sehen, ein Schaukelpferd auch, und in diesem sonderbaren Ambiente windet sich Alice in einem Sessel, während Waggershausen hinter ihr steht und sich raffiniert annähert. Der Sexualakt, sagen wir es offen, steht in dieser knisternden Sinnlichkeit unmittelbar bevor, spätestens wenn die stattlichen vier Minuten von *Zu nah am Feuer* verklungen sind. Der Sessel wäre breit genug.

Leider oder vielleicht klugerweise blieb es bei dieser gemeinsamen Platte, seinen Ruf als Doppelspezialist wahrte Stefan Waggershausen indes: 1990 trat er mit der französischen Sängerin Viktor Lazlo auf. Ihr *Das erste Mal tat's noch weh* rangierte auf Platz 6 der Charts. 1993 hatte er in *Jenseits von Liebe* die israelische Künstlerin Ofra Haza an seiner Seite.

Waggershausen ist übrigens seiner Heimatregion treu geblieben. Sich als »Bodensee-Aborigine« bezeichnend, lebt er mittlerweile vorwiegend in Meersburg und krault, was Einheimische nicht unbedingt tun, gern im See. Sein Lied *Ich will zurück zum Bodensee* spricht Bände.

Erlauben Sie mir noch ein Wort zu Alice, obwohl diese meines Wissens keine badischen und keine württembergischen Wurzeln hat. 1984, also im *Zu nah am Feuer*-Jahr, trat sie mit Franco Battiato beim Eurovision Song Contest auf. Würde man mich nach meinem All-Time-Favourite des ESC fragen, zögerte ich keine Sekunde: Es wäre und ist *I treni di Tozeur*, ein melancholisches, leise unheimliches Lied, das nicht einfach zu entschlüsseln ist. Versuchen Sie nur mal, herauszufinden, wo der Bahnhof von Tozeur liegt …

Platz 3

Peter Schilling
MAJOR TOM (VÖLLIG LOSGELÖST)

(Musik und Text: Peter Schilling)

Gehen wir die Sache grammatikalisch an. »Losgelöst« ist das Partizip Perfekt des Verbs »loslösen«. Im übertragenen Sinn bedeutet es, entfesselt und befreit zu sein, Unabhängigkeit zu genießen. Der adverbiale Zusatz »völlig« steigert dieses Empfinden, unterstreicht die Sehnsucht, alle Bindungen hinter sich zu lassen und sich von allen gesellschaftlichen Zwängen zu verabschieden.

Der 1956 in Stuttgart geborene Pierre – später: Peter – Schilling schrieb 1982 in seiner kleinen Gaisburger Wohnung binnen weniger Tage ein Lied, das dieses Lebensgefühl resümiert, ja, zuspitzt. Schon ein paar Jahre zuvor hatte Jürgen Drews in *Barfuß durch den Sommer* den Wunsch geäußert, nicht mehr mit »Arbeit die Zeit zu vergeuden« und lieber den Tag mit Musik, Drinks, Sonnenbädern und Liebesspielen zu verbringen. Peter Cornelius folgte mit *Reif für die Insel*, und seine österreichischen Landsleute der Band S.T.S. machten mit *Irgendwann bleib i dann dort* (1984) den Wienern und

Grazern ein Leben unterm Olivenbaum schmackhaft, fernab der öden kapitalistischen Produktionsstätten. Man sieht, Work-Life-Balance-Forderungen gab es schon Anfang der 1980er-Jahre, als sich das westeuropäische saturierte Leben erstmals bedroht sah.

Peter Schilling will nichts dem Zufall überlassen. Sein Astronaut Major Tom, eine Entlehnung aus David Bowies Song *Space Oddity*, sucht nicht Zuflucht auf irgendeiner einsamen Insel, sondern macht sich – wenn schon, denn schon – in den Weltraum auf, verliert den Kontakt zum panisch werdenden Kontrollzentrum, lässt sich von einem »Licht durch das All« führen und ist frei von allem, wie der eindringliche Refrain es wieder und wieder beschwört: »Völlig losgelöst von der Erde / schwebt das Raumschiff schwerelos«. Geschult durch die TV-Serien *Raumpatrouille* und *Raumschiff Enterprise*, standen die Deutschen der Freiheit des Weltraums offenkundig mit Sympathie gegenüber. Im Schlager hatte man zuvor auf dieses Thema kaum zurückgegriffen, auch Gus Backus' *Der Mann im Mond* (1961) nicht. *Codo … düse im Sauseschritt* der Band DÖF kam erst 1983, ein Jahr nach *Major Tom.*

Schillings *Major Tom* ist der mit Abstand erfolgreichste Titel, den die Neue Deutsche Welle hervorgebracht hat. Er eroberte die Spitzenposition der Charts, kam als *Major Tom (Coming Home)* auch in den USA zu Erfolg, wurde unzählige Male gecovert, in Film und Fernsehen eingesetzt. Insgesamt, so schätzt man, verkaufte sich der Song bis heute rund sechs Millionen Mal. Als der Musikjournalist und Moderator Frank Laufenberg 1999 auf die ersten Helmut-Kohl-Kanzlerjahre zurückblickte, gab er seinem Buch den Titel *Völlig losgelöst. Die Musik der Achtziger*.

Diese sich überschlagende Karriere war Peter Schilling nicht in die Wiege gelegt. In bescheidenden, schwierigen Verhältnissen aufgewachsen, schwankte er zwischen seinen Begabungen als Fußballer (der VfB Stuttgart lockte ihn mit einem Vertrag) und als Musiker. Die Entscheidung für die Musik zahlte sich nicht sofort aus. Seine Anfänge mit recht schlichten Schlagern wie *Gib her das Ding* (1979) sind mit guten Gründen vergessen. Erst als er bei einer Plattenfirma als Junge für alles anheuerte und Kontakte knüpfen konnte, fasste er Fuß.

Peter Schilling ließ seinem Smashhit 1983 *Die Wüste lebt (Alarmsignal …)* folgen, das es auf Platz 7 der Charts schaffte. Er selbst durchschritt in seinem weiteren Leben als Superstar Höhen und Tiefen, litt unter Burn-out, hatte eine Nahtoderfahrung, verschwand in der Versenkung, rappelte sich immer wieder auf, veröffentlichte nach längerer Pause ab 2003 wieder Alben, darunter 2023 die Kompilation *Coming Home – 40 Years of Major Tom*, schrieb Psychoratgeber und zusammen mit Bernd Flessner die Kinderbuchreihe *Der kleine Major Tom*.

2024 freilich gab es ein Comeback des ewig jungen Major Tom, ein Comeback, das sich kein Romanautor und kein Regisseur schöner hätten ausdenken können. In einer Onlinepetition forderten Zehntausende deutscher Fußballfans im Frühjahr 2024, Schillings *Major Tom* zur offiziellen Torhymne der Nationalmannschaft zu machen. Der DFB zeigte sich überraschend einsichtig und ließ kurz darauf beim Freundschaftsspiel gegen die Niederlande, als der Stuttgarter (!) Maximilian Mittelstädt traf, Schillings berühmten Refrain einspielen. »Richtig geil, überragend«, fand Kai Havertz diese Idee, und so sollen künftige Torerfolge der Nagelsmänner von einem Song akustisch begleitet werden, der 1982 in achthundert Meter Luftlinie vom Neckarstadion entfernt entstand. Und wie auch ließe sich das Gefühl, einen entscheidenden Siegtreffer zu erzielen, besser beschreiben als mit »völlig losgelöst«? Die Schwerelosigkeit beim erfolgreichen Torschuss wurde von Fußballern selbst mehrfach beschrieben.

Und um das Ganze noch spookyer zu machen: *Major Tom (völlig losgelöst)* kehrte im Juli 2024 in die TOP 10 der Charts zurück – ein Rekord fürs Guinness-Buch. Der bald siebzigjährige Peter Schilling wurde auf TikTok »Hottest Artist of the Week«. Mehr kann man nicht erreichen: »Da hebt er ab und …«

Platz 2

Die Flippers

WEINE NICHT, KLEINE EVA

(Musik: Franz Willi Halmich; Text: Bernd Hengst)

Mit Personennamen im Schlager ist das so eine Sache. Wenn es um die Liebe geht, um Huldigungen von Partnern, dann sollen sich möglichst viele angesprochen fühlen. So bedeutet es ein Risiko, wenn Texter nicht den leichten Weg gehen und mit *Du*, *Merci Chérie* oder *Baby, du bist nicht alleine* Konkretisierungen vermeiden. Denn wenn man wie Gerd Böttcher *Für Gaby tu' ich alles* singt, besteht die Gefahr, dass sich alle Hörerinnen, die nicht Gaby heißen, nicht gemeint fühlen und sich achselzuckend abwenden. »Gaby« ist dennoch kein Einzelfall; wir haben einen Hans (bei Rita Pavone), einen Peter (bei Vicky Leandros), eine Diana (bei Conny Froboess), eine Maddalena (bei Michael Holm) und, seltsam genug, eine Mary-Lorraine (bei Christian Anders). Karl-Heinze, Almuths oder Horste finden sich übrigens kaum. Und wir haben natürlich jene »kleine Eva«, die 1969 das Schlagerlicht der Welt erblickte.

Geburtshelfer war eine anfangs sechsköpfige Band, die sich zuerst Dancing Band, dann Dancing Show Band nannte, ehe man zu The Flippers und alsbald zu Die Flippers wurde. Namensgeber war natürlich die amerikanische TV-Serie *Flipper*, die 1966 erstmals im ZDF ausgestrahlt wurde. Deren Held, ein liebreizender Tümmler, »Lassie der Meere« genannt, sprang den Menschen in heikelsten Situationen bei und sorgte für Happy Ends am laufenden Band. Die Erkennungsmelodie der Serie (»Flipper ist unser bester Freund, / lustig wird's immer, wenn er erscheint«) mit ihren juchzenden »Flipper, Flipper«-Rufen sitzt bis heute in vielen Ohren fest.

Die Flippers, 1964 gegründet, stammen aus dem badischen Knittlingen, aus jener Stadt, die sich rühmt, Geburtsort des Alchemisten und Astrologen Johann Heinrich Faust zu sein, des Mannes, der nicht nur Goethe zu seinem *Faust* inspirierte. Weniger bekannt ist, dass ich in Knittlingen, so um 1980, einen meiner Lebenshöhepunkte erlebte und als Schiedsrichter mit Bravour das Bezirksligaspitzenspiel Knittlingen gegen Besigheim leitete. 3:4 endete es, sieben gelbe Karten, zwei Zeitstrafen und drei Elfmeter hatte ich zu verhängen. Gut, dass es mir die Flippers ermöglichen, darüber endlich einmal zu sprechen.

Anfangs tourten die Flippers in der Region Heilbronn-Karlsruhe über Land, mit den Skippies (siehe Platz 15) konkurrierend. Den überregionalen Durchbruch brachten ein Auftritt in der ZDF-Sendung *Die Drehscheibe*, initiiert durch den jungen Redakteur Alfred Biolek, und die zweite Single *Weine nicht, kleine Eva*, die auf

Platz 8 der Charts schnellte. Ein Jahr später legte man mit dem einfach gestrickten *Sha La La I Love You* nach, das die Aufforderung an Eva, nicht loszuheulen, aufgriff: »Du wirst niemals weinen, / das versprech ich dir«. Mit weinenden Frauen kann nicht jeder Mann umgehen.

Die Besetzung der Knittlinger wechselte immer wieder; seit 1985 bestand sie aus Bernd Hengst, Olaf Malolepski und Manfred Durban. Erfolg hatten die Flippers durchaus in den 1970er- und frühen 1980er-Jahren, doch erst 1986 gab es einen neuen Karriereruck, kam es zu einem verblüffenden Comeback. Mit dem Album *Nur wer die Sehnsucht kennt* rutschte man erstmals in die Charts, ein Coup, der auch der ausgekoppelten Single *Die rote Sonne von Barbados* (Platz 15) glückte.

Von da an war der Erfolg nicht mehr zu stoppen. Die Alben platzierten sich samt und sonders prächtig; Fernsehauftritte und Auszeichnungen jagten einander. Die Flippers wurden zu einer der erfolgreichsten deutschen Bands; rund zehn Millionen Tonträger haben sie über die Jahrzehnte verkauft. Auf der Bühne verströmten die drei oft ganz in Weiß auftretenden Herren freundlichen Charme, der auf jedem Kreuzfahrtschiff Anhänger gefunden hätte. Ihre Melodien kamen cremig daher, wohingegen die Texte – es muss offen gesagt sein – über Konfektionsware selten hinausgelangten. Den einstigen Weggefährten, den zu Fernando Express gewordenen Skippies, vergleichbar sangen die Flippers vornehmlich von fernen, sonnenbeschienenen Glücksorten. Nach und

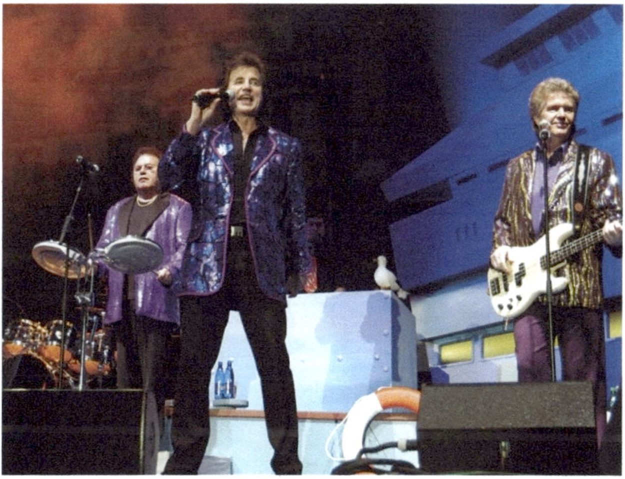

nach klapperte man die angenehmen Weltregionen ab und staffierte die Songs mit den üblichen bunten Liebesluftballons aus. Die Ödnis dieser Erzeugnisse lässt sich schon an den Titeln ablesen: *Mexiko; St. Tropez; Lotosblume; Mädchen von Capri; Rote Sonne, weites Land; Mitternacht in Trinidad* … So klang das in einem fort. Wie schön wäre es gewesen, wenn die Flippers einmal Knittlingen oder Ölbronn besungen hätten. 2011 löste sich die Band auf. Olaf Malolepski, »der Olaf«, startete eine Solokarriere.

Am liebsten freilich denken wir an *Weine nicht, kleine Eva* zurück. Der Name der Angesungenen wird übrigens mit weichem »w« ausgesprochen; meine gleichnamige Mutter bevorzugt ein scharfes »f«. Es handelt sich um das klassische Lied einer Trennung, einer vorübergehenden, wie zumindest behauptet wird: »Weine nicht, kleine Eva, / wenn ich heut' auch von dir geh'. / Ich werd' dich nicht vergessen, / bald will ich dich wiederseh'n.« Ein Ring wird als Souvenir überreicht, ehe der schluchzende Refrain unsere Eva anweist, ihre Tränen zu unterdrücken. Hoffen wir, dass die Jungs ihr nichts vorgemacht haben.

Und das noch: Wer dieses Buch gelegentlich beiseitelegt und sich ins Internet vertieft, wird mitunter belohnt. Denn der Clip zu *Weine nicht, kleine Eva*, anmoderiert vom unvergessenen Günther Freund, ist eine prächtige Trouvaille. Er zeigt die sechs singenden, auf Steinblöcken unter einem rot-weißen Sendemast stehenden Flippers, die sich anschließend in eine Art

Stromversorgungszentrum zwischen Traffos und Anzeigetafeln begeben. Aufschriften wie »Spitzenhub / Signalisation« oder »Gefahrentaste« sind zu erkennen, und überall wird vor »Hochspannung« gewarnt. Was das mit der armen Eva zu tun hat, lässt sich schwer sagen. Eventuell könnten die alchemistischen Kenntnisse von Doktor Faust weiterhelfen.

Platz 1

Joy Fleming
EIN LIED KANN EINE BRÜCKE SEIN

(Musik: Rainer Pietsch; Text: Michael Holm)

Das nennt man eine unmissverständliche Haltung: »Egal, wo ich bin, ich vertrete immer Mannheim, das ist meine Stadt, und dazu stehe ich. Und wenn einer was gegen Mannheim sagt, gibt's von mir gleich was auf die Hörner.« Diese Liebeserklärung an die Quadratestadt Mannheim stammt von Joy Fleming. Geboren wurde sie allerdings, als Erna Raab, 1944 im pfälzischen Rockenhausen, und gestorben ist sie 2017 im Sinsheimer Stadtteil Hilsbach. Ihre Mutter hatte Mannheim vor den Kriegsangriffen verlassen und Zuflucht in der vergleichsweise sicheren Nordpfalz gesucht. Nach dem Krieg kehrte die Mutter mit ihren Kindern nach Mannheim-Neckarstadt zurück.

Früh trat sie in Mannheimer Bars auf und sang Blues und Jazz, ehe sie 1968 im *Talentschuppen* des Südwestfunks entdeckt wurde. Ihre Karriere verlief zweigleisig: Zum einen erlangte sie regionale Berühmtheit durch den von Carl J. Schäuble geschriebenen *Neckarbrückenblues* (1972), der zur ruppigen Hymne der Stadt wurde. Zum anderen schnupperte sie 1973 in die nicht Nicht-Mannheimer Charts hinein und kam mit *Halbblut*, der deutschen Fassung von Chers *Halfbreed*, auf Platz 38.

Zwei Jahre später schien Joy Flemings große Stunde zu schlagen. Sie gewann den deutschen Vorentscheid zum Eurovision Song Contest knapp vor Peggy March und reiste voller Hoffnung nach Stockholm. *Ein Lied kann eine Brücke sein* hieß ihr von Michael Holm getexteter Song, der schon mit den ersten Takten aus dem üblichen ESC-Klängen herausragte. Obwohl Komponist Rainer Pietsch als Dirigent in Stockholm schon zu Anfang mit rhythmischem Fußaufstampfen alles gab, endete der Abend mit einer großen Enttäuschung. Den Sieg trug – mit einer Art ABBA-Nachahmungslied – die niederländische Gruppe Teach-in (*Ding-a-Dong*) souverän davon, während Joy Fleming mit dem drittletzten, dem siebzehnten Platz vorliebnehmen musste.

Doch in der Musik ist es manchmal wie in der Literatur. Manche Werke kommen schlichtweg zu früh, »avant la lettre« gewissermaßen, zu einer Zeit, da das Publikum für sie noch nicht reif genug ist. Dann dauert es Jahre, bis das Außergewöhnliche eines Romans, eines Lieds wahrgenommen und gewürdigt wird. So ist es Joy Fleming mit *Ein Lied kann eine Brücke sein* 1975 ergangen. Die Welt stand dieser Hymne (noch) hilflos gegenüber.

Gewiss, Joy Flemings Stockholmer Auftritt stand unter ungünstigen Vorzeichen. Irgendjemand – den Schuldigen wüsste man gern – hatte sie in ein langes dunkelgrünes Kleid gezwängt, das ihrer nicht gertenschlanken Figur wenig schmeichelte, und ihr ein silbriges Kettengehänge über die zu brave Lockenpracht geworfen. Der Wucht und der Dynamik des Lieds war mit diesem Outfit nicht gedient. Der Legende nach soll Fleming das grüne Unglückskleid hinterher zerschnitten haben, kurzer Prozess also. Wann hätte sie es auch noch mal tragen sollen?

Heute gilt das Brücken-Lied, das auf Platz 32 der Charts kam, nicht nur ESC-Enthusiasten als die deutsche Grand-Prix-Hymne schlechthin. Jan Feddersen packte sein journalistisches Edelbesteck aus, als er in seinem Nachruf auf Fleming an ihr Stockholmer Lied erinnerte. Er sprach von einer »dreiminütigen Kaskade an nervös arrangierten Tönen, 180 Sekunden Spannung, Schwung und Geschwindigkeit – genug Platz zwischen den Melodielinien des Liedes, um der Fleming Raum zu geben, um beispielsweise zum Schlussrefrain noch mal so richtig die Röhre auszupacken.«

Auch der Text eignete sich gut dafür, als völkerverbindender, zum Loblied auf die Kraft der Musik ansetzender Appell in die Geschichte einzugehen: »Ein Lied kann eine Brücke sein, / und jeder Ton ist wie ein Stein. / Er macht dich stark und fest, / du kannst darüber gehen, / andere verstehen.« Michael Holm wusste, wie gut sich Brücken als Symbole des Friedens und der Verständigung eignen. Vielleicht hatte er das – viel sanftere – *Bridge Over Troubled Water* von Simon & Garfunkel im Ohr.

Joy Flemings englische Fassung ihres ESC-Beitrags hieß *Bridge Of Love*. 1986 versuchte es Deutschland noch einmal, mit dem Brückenthema beim ESC durchzustarten, mit Ingrid Peters' *Über die Brücke geh'n*. Platz 8 immerhin kam diesmal dabei heraus.

Sehr gern hätte ich es gesehen, wenn Joy Fleming eine zweite ESC-Chance bekommen hätte. 2001 war ich in Hannover beim deutschen Vorentscheid dabei, als die inzwischen sehr massig gewordene Joy Fleming die Bühne erklomm und zusammen mit Lesley Bogaert und Brigitte Oelke ihr kraftvolles *Power Of Trust* sang. Eine großartige Performance, die nur haarscharf den Sieg verpasste. Stattdessen ging Michelle (siehe Platz 17) für Deutschland in Kopenhagen ins Rennen. Vielleicht wäre 2001 die richtige Zeit für Joy Fleming und ihre Mitstreiterinnen gewesen …

Bildnachweis

S. 2 wikimedia (Joy Fleming, German jazz and blues singer, Bonn, 2005, Elke Wetzig); **S. 15** wikimedia (Arnim Töpel, 2009); **S. 43** akg-images/Keystone/STR (Ines Torelli, links, und Inge Brueck, rechts, Zürich-Kloten, 1968); **S. 55** wikimedia (Pur, Foto: Stefan Brending/Lizenz: Creative Commons CC-BY-SA-3.0 de, Nürnberg, 2018); **S. 65** akg/Isabel Schiffler (Vanessa Mai, Hamburg, 2016); **S. 92** akg-images/Jazz Archiv Hamburg/Michi Reimers (Dieter Thomas Kuhn, Hamburg, 2012); **S. 98** akg-images/Jazz Archiv Hamburg/Hardy Schiffler (Xavier Naidoo, 1998); **S. 103** akg-images/Jazz Archiv Hamburg/Hardy Schiffler (Geschwister Hofmann, 1994); **S. 107** akg-images/picture-alliance/dpa (Maggie Mae, Foto: Heinz Wieseler, Frankfurt am Main, 1975); **S. 107** wikimedia (Barbie Gaye – My Boy Lollipop, rateyourmusic, 1956); **S. 117** akg-images/picture-alliance/dpa (Costa Cordalis, Korfu, 1979); **S. 123** wikimedia (Michelle, Foto: Manfred Werner, Wien, 2009); **S. 128** akg-images/picture-alliance/Helmut Morell (Ralf Bendix, Stuttgart, 1965); **S. 128** wikimedia (Schallplattenetikett von Columbia 21804, Columbia Records, 1961); **S. 133** akg-images/Jazz Archiv Hamburg/Markus Lubitz (Fernando Express, Hamburg, 2004); **S. 143** akg-images/picture-alliance/dpa/dpaweb (Nina & Mike, Foto: Hans Dürrwald, Saarbrücken, 1974); **S. 152** akg-images/Jazz Archiv Hamburg/Hardy Schiffler (Pe Werner, 1991); **S. 157** akg-images/Jazz Archiv Hamburg/Hardy Schiffler (Nino de Agelo, 1985); **S. 168** wikimedia (Andrea Berg, Foto: Nico Jenner, Magdeburg, 2010); **S. 178** akg-images/picture-alliance/ZB (Matthias Reim, Singen, 1993); **S. 183** akg-images/picture-alliance (Toni Marshall, 1972); **S. 189** IMAGO/teutopress (Stefan Waggershausen und Alice, 1984); **S. 199** akg-images/Jazz Archiv Hamburg/Isabel Schiffler (Flippers, Hamburg, 2005)

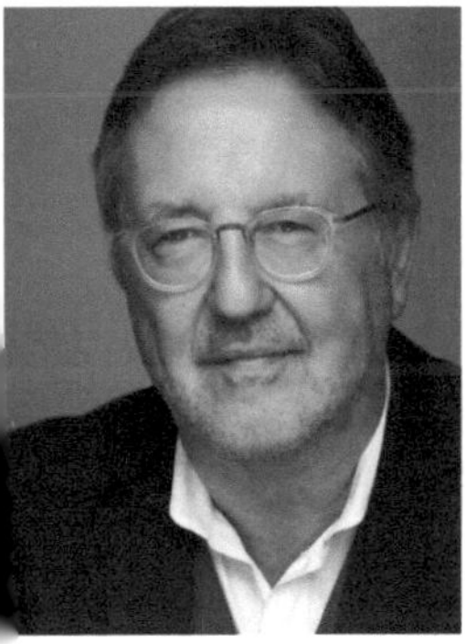

Rainer Moritz, geboren 1958 in Heilbronn, leitet das Literatur-haus Hamburg. Er ist Literaturkritiker, Übersetzer und Autor ahlreicher Bücher, darunter zuletzt der Roman *Vielleicht die etzte Liebe* und im 8 grad verlag *Heldinnen und Helden des Süd-westens.*

Gefällt Ihnen dieses Buch?
Dann empfehlen Sie es bitte weiter.
Mehr über den 8 grad verlag finden Sie auf:
www.8gradverlag.de und in unserem Newsletter.

1. Auflage 2024

Sonnhalde 73 | 79104 Freiburg

Umschlaggestaltung, Layout und Satz:
Julie August, Buenos Aires / München
Lektorat: Marion Voigt, Zirndorf
Korrektorat: Stephan Thomas, München

Gesetzt aus der Adobe Caslon, der Brown
und der Castle Press
Papier: Munken Print cream 100 g/m² 1,5-fach
Herstellung: folio · print & more, Zirndorf
Druck und Bindung: Druckhaus Nord,
Neustadt a. d. Aisch

Printed in Germany

ISBN 978-3-910228-43-6

www.8gradverlag.de